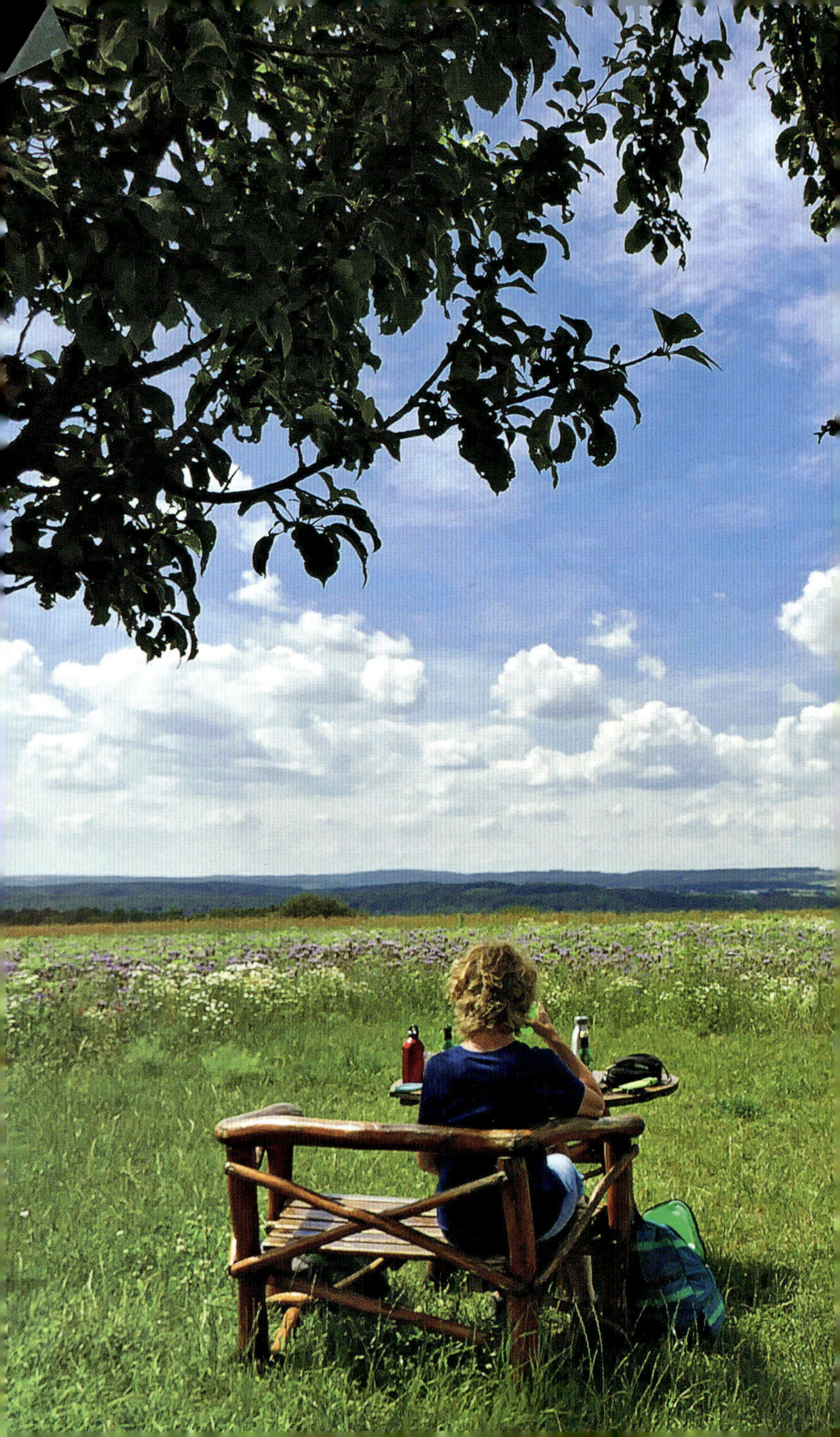

Brigitte Schneider · Brigitte Zielbauer

Entdeckertouren rund um Mosbach

Erlebnisreiche Wanderungen durch den Odenwald und das Neckartal

verlag regionalkultur

Vorwort

Vom Wandern und Entdecken

Da sind wir einfach losgelaufen… Nein, ganz so war es nicht. Man könnte sagen, Corona hat uns Beine gemacht, denn als im März 2020 der erste Lockdown ausgerufen wurde, gab uns das den entscheidenden Impuls. Die Einschränkungen auf der einen Seite machten den Blick frei für Freiheiten auf der anderen Seite. Alles dicht, jedoch die Natur vor der Haustür blieb dauerhaft geöffnet. Also nix wie los, dachten wir uns, schnürten unsere Wanderschuhe und machten uns auf den Weg. Gerne gewandert sind wir zwar schon immer, doch nun wurden unsere Wanderungen zu einem Fixpunkt in unserer Wochenplanung.

Von Mosbach aus starteten wir unsere Entdeckertouren zu Fuß, mit Bus oder Bahn. »Nie mit dem Auto« war eine der wenigen Regeln, die wir uns auferlegt hatten. Zuerst hieß es: »Einfach-mal-Loslaufen«, doch mit der Zeit gingen wir immer planvoller vor. Wanderbücher wurden angeschafft, Kartenmaterial wurde besorgt und die Wanderausrüstung auf den neuesten Stand gebracht. Durchnässte Schuhe, Blasen an den Füßen, scheuernde Rucksäcke und wenig wettertaugliche Jacken machten die ein oder andere Neuanschaffung unumgänglich. Schließlich musste man für alle Wetterlagen gerüstet sein: Vom Tiefschnee im Hohen Odenwald bis zu den sonnendurchglühten Steilhängen im Neckartal.

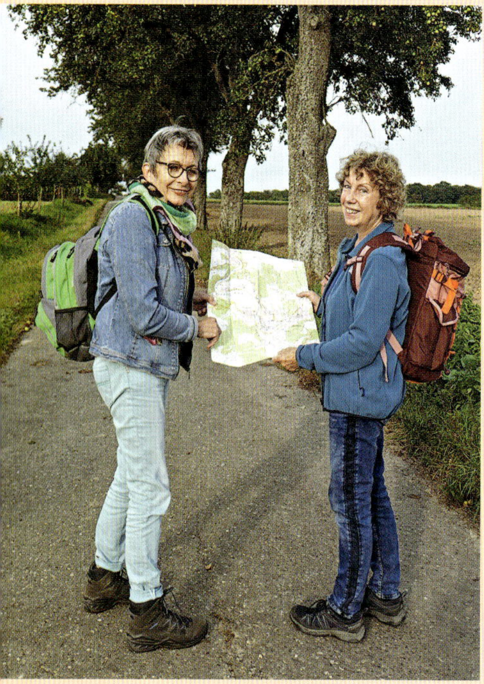

Zum »Warmlaufen« bewältigten wir zunächst den

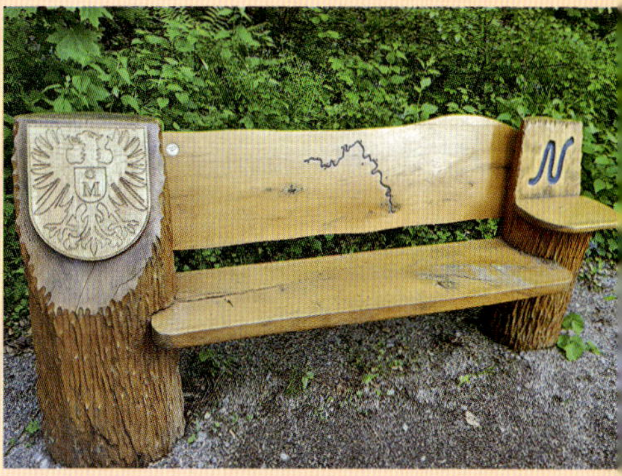

Einladende Bänke entlang des Neckarsteigs

Neckarsteig mit allen seinen Etappen von Heidelberg bis Bad Wimpfen. Dieser Qualitätsweg ist inzwischen der absolute Favorit unter den Wanderwegen unserer Region. Doch wir wollten eigene Wege gehen und tüftelten danach Touren aus, die nicht so bekannt und vor allem auch nicht so gut dokumentiert sind wie beispielsweise der Neckarsteig. Natürlich haben wir keine neuen Wege erfunden, es ist ja alles da und meist auch gut ausgeschildert. Aber wir haben zusammengetragen, was es um Mosbach herum, zu Fuß oder mit einer kleineren Anfahrt, alles zu entdecken gibt. Und dabei wurden wir überrascht, was es außer der wunderschönen Landschaft noch alles zu sehen gibt: Auf dem Kopf stehende Bäume, Steinkreise, Grabpyramiden, Dinosaurierabdrücke, Räuberhöhlen, Orchideenwiesen und, und, und…

Die Wanderungen stellen keine großen Anforderungen an die Kondition, auch wenn es natürlich in unseren Gefilden nicht ohne Anstiege geht. Moderate Entfernungen bis ca. 15 Kilometer sind als Halbtagestouren gut machbar, gerne auch länger, wenn man Pausen genüsslich in die Länge ziehen möchte.

Apropos Pausen: Als wir loswanderten, gab es keine Einkehrmöglichkeiten. Also war Eigenversorgung aus dem Rucksack angesagt. Doch wer sagt eigentlich, dass es immer das Wurst- oder Käsebrot sein muss? Das geht auch anders… Lassen Sie sich in diesem Büchlein von unseren Tipps für ein etwas anderes Rucksackvesper überraschen und Appetit machen!

Nun wünschen wir Ihnen viel Freude bei den Entdeckertouren rund um Mosbach und hoffen, dass wir Sie mit unserem Wanderführer anregen können, sich auf den Weg zu machen…

Ihre

Brigitte Schneider (Texte)   Brigitte Zielbauer (Fotos und Vespertipps)

Praktische Hinweise

Jedem, der eine Wanderung plant, ist natürlich klar, dass er (oder sie) vor allem gutes Schuhwerk braucht, das möglichst viele Wetterlagen aushält und unterschiedliche Wanderwege bewältigt. Also: ein angenehmes Tragegefühl bei Schnee, Regen, Hitze und Kälte sowie ein sicherer Halt auch bei den leichten Anstiegen oder schmalen Pfaden, die unsere Gegend so bietet. Nachdem wir einige schmerzliche Erfahrungen gemacht hatten, haben wir uns in der Fachwelt umgesehen und dann für halbhohe Wanderschuhe entschieden, die für unsere Touren ausreichend sind. Nachgelegt haben wir dann noch einmal bei unseren Rucksäcken, denn sie sollten natürlich Trinkflasche, Vesper, Fotoapparat, Handy mit Powerbank und eine kleine Notfalltasche aufnehmen und auch nach einer vierstündigen Wanderung noch keine Rückenschmerzen verursachen.

Dass die Kleidung sich der Jahreszeit anpassen muss, ist selbstverständlich. Nachdem wir aber nach einer Wanderung in langanhaltendem Landregen bis auf die Knochen durchnässt waren, haben wir uns auch noch kleine faltbare Regenponchos zugelegt. Auch faltbar und ebenso praktisch: Thermo-Sitzkissen, die gegen Nässe und Kälte schützen und im Rucksack nicht viel Platz wegnehmen.

Unsere Erfahrungen haben wir auch mit dem Kartenmaterial gemacht. Zunächst ging es los mit den bekannten Wanderkarten des Geo-Naturparks Bergstraße-Odenwald und des Naturparks Neckartal-Odenwald. Diese Karten führen nicht nur verlässlich durch Wald und Flur, sondern bieten auf der Rückseite auch viel Wissenswertes über das Wanderterrain. Spöttische Bemerkungen anderer Wanderer (»Ihr seid wohl noch ›Old-School‹ unterwegs?!«) brachten uns aber dazu, auch die Möglichkeiten des Internets auszuloten mit Wander-Apps wie Komoot oder Google Maps. Wir machten die Erfahrung, dass Wander-Apps und die »Old-School-Wanderkarten« die ideale Kombination sind, vor allem dann, wenn man keinen Internetempfang hat. Die App »Flora Incognita« wiederum hat uns manche Erkenntnisse über die Blumen, Kräuter und Bäume am Wegesrand gebracht.

Dann noch ein scheinbar banaler Tipp: Bitte immer gut auf die Wandermarkierungen achten. Meist führen die bunten Zeichen gut und sicher ans Ziel, manchmal jedoch sind sie zugewachsen, von Schnee bedeckt oder so verblasst, dass sie kaum zu erkennen sind. Erhöhte Aufmerksamkeit kann hier manchen Umweg ersparen.

Da wir bei unseren Touren aufs Auto verzichtet haben und nur mit Bus oder Bahn unterwegs waren, waren die Bahn (www.bahn.de) und der Verkehrsverbund Rhein-Neckar (www.vrn.de) verlässliche Partner für unsere Wanderplanungen.

Abschließend sei noch bemerkt, dass wir alle Angaben dieses kleinen Wanderführers sorgfältig recherchiert haben. Sollten sich aber dennoch Fehler eingeschlichen haben, so bitten wir um Rückmeldung an den Verlag. Dies gilt insbesondere für geänderte Wegverläufe.

Die Touren

Mosbach

Auf kurzen Wegen in die Natur 12

1 **Wanderung durch drei Naturschutzgebiete**
Vom Nüstenbachtal zum Neckartal 16

2 **Weite Blicke ins Land**
Rundwanderung von Mosbach über den alten Römerweg 22

3 **Orte zum Träumen, Landschaften zum Verlieben**
Rundwanderung von Mosbach über Luttenbachtal und Hardhofsee 27

4 **Durch Wald und Weinberge**
Abwechslungsreiche Rundwanderung von Mosbach über Neckarzimmern mit vielen Highlights 34

Odenwald

Eine Landschaft voller Gegensätze 42

5 **Vom Römer-Wachturm in die Orchideenwiese**
Rundweg von Neckarburken über den Limesweg ins Naturschutzgebiet Heppenstein 46

6 **Wanderung mit Waldgeistern**
Rundtour im Trienzbachtal mit Überraschungen 50

7 **Stimmungsvolle Berg- und Talwanderung**
Durchs Naturschutzgebiet »Dallauer Tal« mit wunderbaren Ausblicken 56

8 **Ländliche Idylle und ein Gruß von der Reichenau**
Streckenwanderung von Oberschefflenz über Rittersbach nach Dallau 60

9 **Mühlenidyllen, Bildstöcke und ein verschwundenes Schloss**
Rundwanderung um Heidersbach über Heidersbacher und Limbacher Mühle 66

10 **Auf den Spuren von Kirchgängern und dem alten »Bembele«**
Genießertour rund um Fahrenbach 74

11 **Drei Mühlen, drei Dolen und ein Felsenpfad**
Von gemütlich bis herausfordernd: Wanderung von Weisbach nach Neckargerach 80

12 **Verlassene Dörfer im Räuberwald**
Rundwanderung von Mülben durch den Bergwald und am Reisenbach entlang 86

13 **Geschichtstour durch den hessischen Odenwald**
Von Beerfelden nach Gammelsbach 90

Neckartal

Mit Mark Twain durchs Neckartal 98

14 **Natur und Kultur auf Schritt und Tritt**
Rundwanderung von Gundelsheim über Burg Guttenberg, Fünf-Mühlen-Tal und den Jüdischen Friedhof Heinsheim 102

15 **Wanderung vor wechselnden Kulissen**
Von den Gundelsheimer Weinbergen bis ins Jagsttal nach Bad Friedrichshall 108

16 **Auf den Spuren der Vergangenheit**
Wanderung von Obrigheim über Hochhausen nach Neckarzimmern 113

17 **Von Obstbauern, Zolleintreibern und Schiffsziehern**
Rundwanderung um Binau 118

18 **Burg, Berg und Poesie am Wegrand**
Von Neckargerach über die Minneburg um den Mittelberg nach Guttenbach 124

19 **Spektakuläre Ausblicke und ein rotes Krokodil**
Auf dem Neckarrandweg von Lindach nach Eberbach 130

20 **Vom Glück, mit der Fähre zu fahren**
Rundwanderung von Hirschhorn über Ersheim und Neckarhäuser Hof 136

Bildnachweis 144

Vespertipps

Zucchini-Kuchen mit Walnüssen 21
Mediterraner Nudelsalat 39
Würstchen im Schlafrock 55
Couscous-Salat 65
Teigtaschen mit Garnelen 79
Toast-Törtchen 95
Cantuccini mit Studentenfutter 107
Lachsröllchen 123
Schottische Eier mit Weißkohlsalat 129
Pizzaschnecken 141

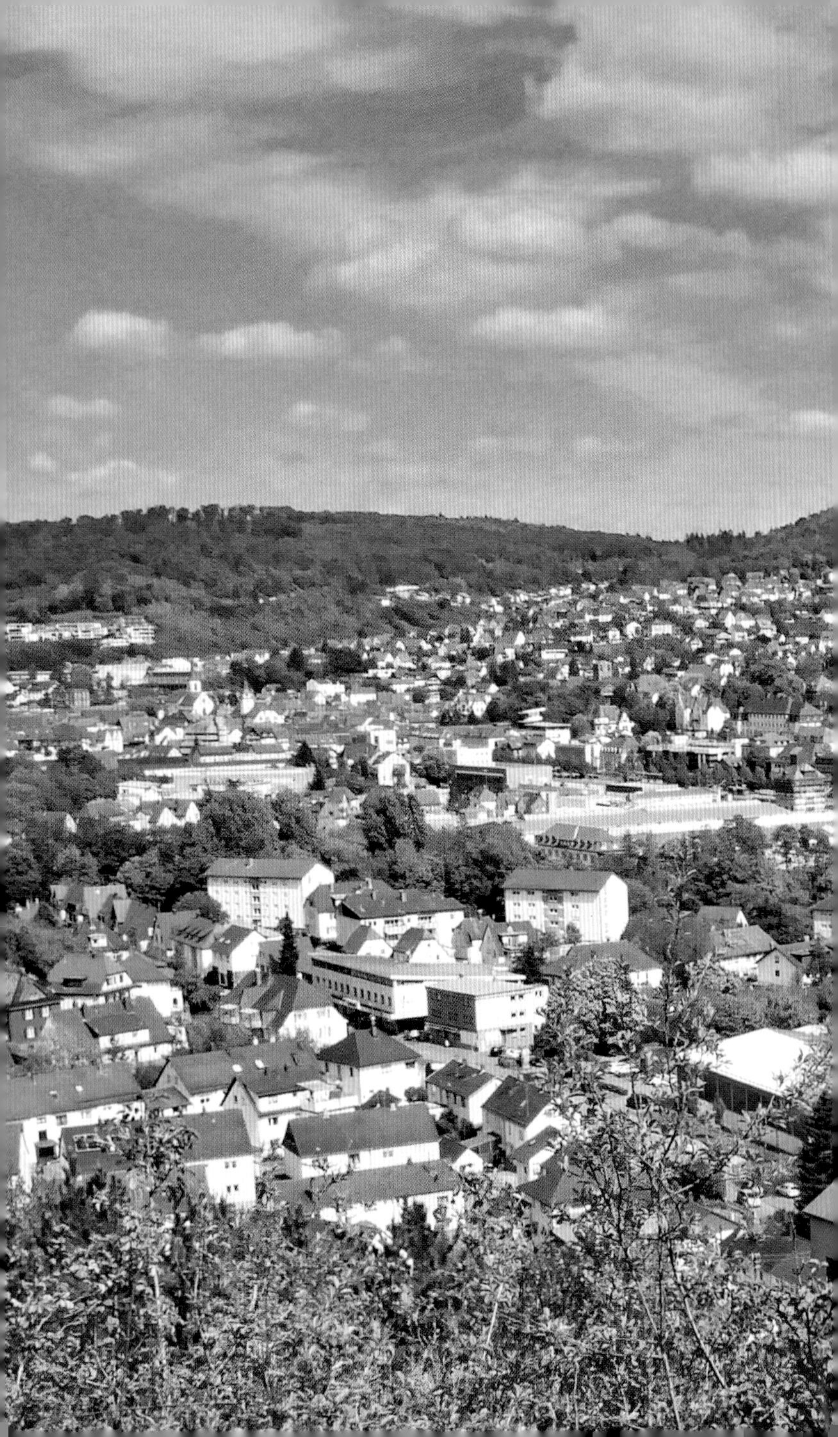

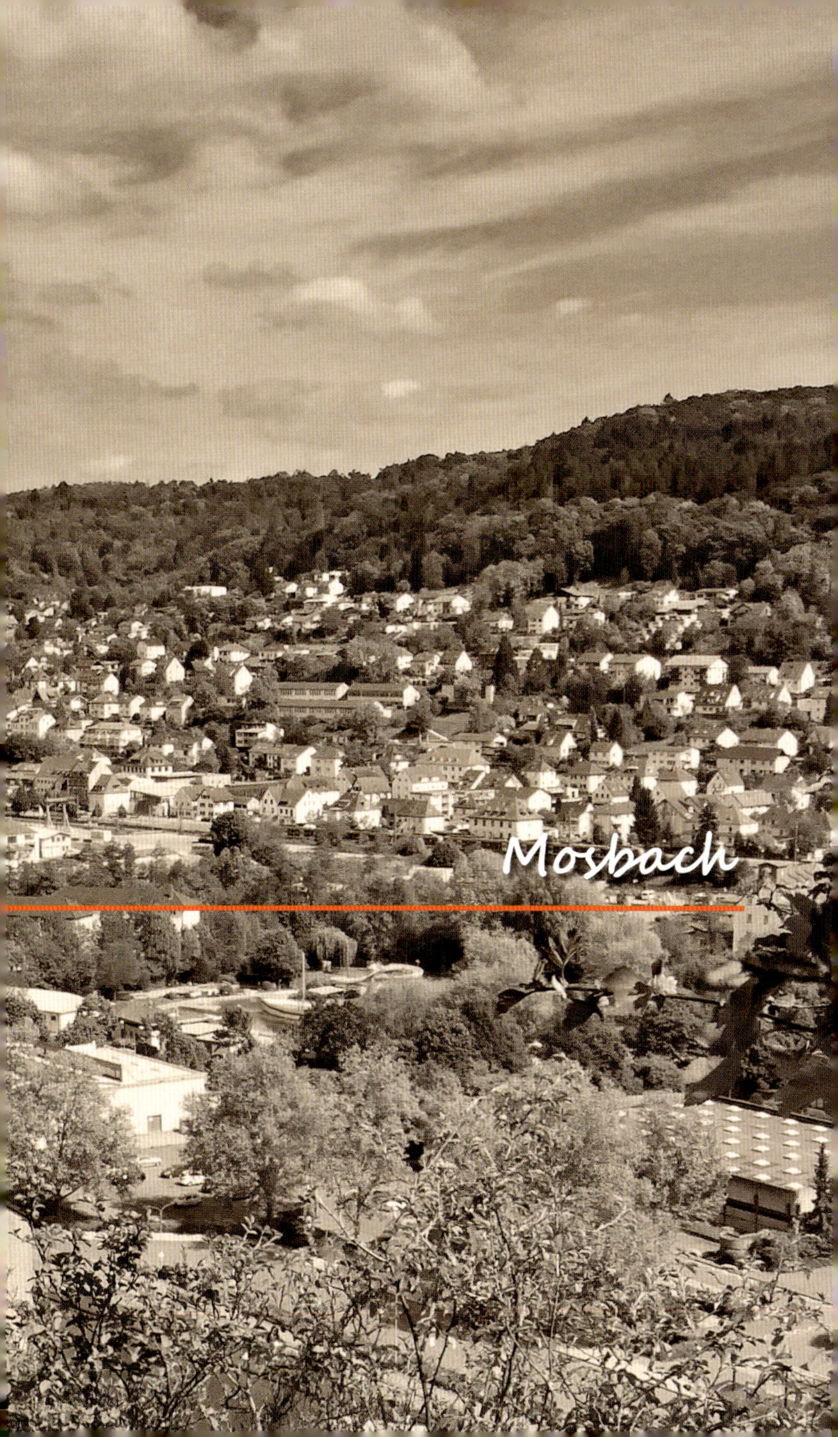
Mosbach

Auf kurzen Wegen in die Natur

Vielfältige Landschaftsbilder rund um Mosbach

Wer schnell in der Natur sein will, hat es in Mosbach gut. Man braucht keine langen Anfahrtswege, um Waldluft zu schnuppern, dem Bachgeplätscher zu lauschen oder schöne Ausblicke zu genießen. Je nach Lust und Laune, kann man Höhen erklimmen oder gemütlich in Fluss- oder Bachtälern wandern. Hamberg und Henschelberg im Norden der Stadt, Jubelsberg und Hardberg auf der anderen Seite sowie Elz- und Neckartal bieten mehr als genug Möglichkeiten für schöne Rund- und Streckenwanderungen. Da sich Odenwald-Buntsandstein und Bauland-Muschelkalk hier ein Stelldichein geben, sind auch die Naturräume sehr vielfältig.

Auf unseren Wanderungen in der näheren Umgebung von Mosbach erhielten wir dafür den schönsten Anschauungsunterricht. So führte uns die Tour vom Nüstenbachtal ins Neckartal auch über den Schreckberg, der zu den sonnenverwöhnten Muschelkalkhängen gehört, wo sich seltene Tiere und Pflanzen wohlfühlen. Das Muschelkalkmeer hat hier seine Spuren hinterlassen, und wer Glück hat, kann versteinerte Muscheln oder Schnecken finden. Das Nüstenbachtal hingegen ist der richtige Ort, um abzuschalten und die Ruhe und Harmonie dieses idyllischen Wiesentals auf sich wirken zu lassen. Was passt besser in dieses Bild als das friedlich daliegende Dorf Nüstenbach mit seinem kleinen Kirchlein, durch das wir auf unserem Weg kommen?

Welch hoher Stellenwert diesen Landschaften und Naturräumen beigemessen wird, zeigt die Tatsache, dass wir allein bei dieser Wanderung drei Naturschutzgebiete durchlaufen. Die Schutzgebiete »Henschelberg«, »Nüstenbachtal« und »Schreckberg« sind drei von insgesamt fünf Naturschutzgebieten auf Mosbacher Gemarkung. Hinzu kommen sieben Landschaftsschutzgebiete und Naturdenkmäler wie einzelne Bäume oder auch flächenhafte Areale wie Biotope, die Pflanzen und Tieren wertvollen Lebensraum bieten. Es ist ein gutes Gefühl für den Wanderer, dass sozusagen auch die öffentliche Hand schützend über diesen Gebieten liegt.

Durch ein weiteres Naturschutzgebiet kommen wir auf unserer Rundwanderung von Mosbach über Neckarzimmern und die Burg Hornberg. Die Bezeichnung »Auweinberge und Fuchsenloch« verweist darauf, dass an diesem Hang oberhalb von Neckarzimmern früher Wein angebaut wurde. Trockenmauern und Lesesteinriegel erinnern an diese Zeit. Eine ganz andere Erinnerung wird wach, wenn wir auf dem herrlichen Panoramaweg oberhalb des Neckars zur Burg Hornberg gelangen. Ganz klar, es ist der Ritter Götz von Berlichingen, der hier allgegenwärtig ist und handfeste Spuren hinterlassen hat, wie z. B. seine Ritterrüstung. Das Mahnmal für deportierte Juden bei der evangelischen Tagungsstätte lässt an ganz andere Zeiten denken und zeigt, wie wichtig auch heute noch die Auseinandersetzung mit unserer jüngsten Geschichte ist.

Ein »Muss« für Wanderer ist der alte Römerweg, den man ab Mosbach über die Alte Schefflenzer Steige erreicht. Auch hier wieder grandiose Ausblicke in den Hohen Odenwald hinein bis hin zum Katzenbuckel. Und da hier auch die Römer schon Wachtürme bauten und viel später Herr Goethe auf der Durchreise war, fühlt man sich in guter Gesellschaft. Ein wahres Kleinod der Natur erlebten wir auf unserer Tour zum höchstgelegenen Stadtteil von Mosbach – dem Weiler Hardhof. Der kleine, von alten Weiden gesäumte Hardhofsee ist ein Paradies für Molche, Frösche und Kröten, und auch eine Vielzahl von Insekten und Vögeln

Frühling am Hardhof

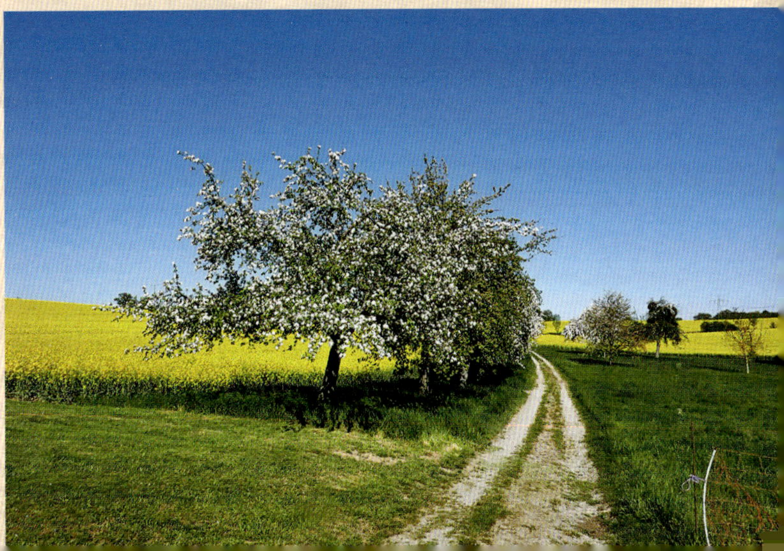

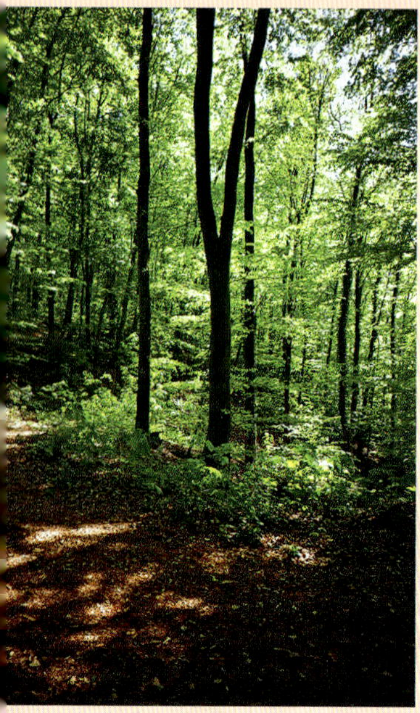

kann man hier beobachten. Der Weg dorthin führte uns über das Luttenbachtal, das uns wieder ein ganz anderes Wandererlebnis bescherte mit seinen steilen bewaldeten Hängen und der schummrigen Waldatmosphäre.

Die Aufs und Abs beim Wandern um Mosbach herum lassen nie Langeweile aufkommen und halten die richtige Balance zwischen manchmal schweißtreibenden Anstiegen und erholsamen, ruhigen Abschnitten, die Zeit zum Verschnaufen lassen. Das hat auch Oskar Küchler so erlebt, der von 1949 bis 1953 Stadtförster in Mosbach war. Er durchwanderte an drei Tagen den Mosbacher Stadtwald und schwärmte in seinem Reisebericht beim Blick vom »wuchtig hingelagerten Hamberg« von dieser »wahrhaft königlichen Landschaft an Neckar und Elz«, wie im Mosbacher Jahresheft 2021 nachzulesen ist.

Verwunschene Waldwege im Mosbacher Forst

Kleinstadtperle Mosbach

So darf sich die Große Kreisstadt Mosbach neuerdings ganz offiziell nennen. Damit gehört sie zur Kooperation von 18 Kleinstädten in Baden-Württemberg, die sich durch ein besonderes Ambiente auszeichnen. Wer durch die Gassen der Altstadt läuft oder durch die Fußgängerzone bummelt, wird schnell vom Charme und Zauber dieses Städtchens gefangen genommen. Fachwerkhäuser stehen dicht an dicht, allen voran das Palmsche Haus am Marktplatz, das mit seinen reichen Verzierungen zu den schönsten des Landes zählt. Bescheidener hingegen nimmt sich das Haus Kickelhain aus, ein schmalbrüstiger Bau, der als kleinstes Wohnhaus der Stadt jahrelang von Tagelöhnern bewohnt wurde und heute als Museum dient. Auf kleinen und großen Rundgängen kann der Besucher noch viele weitere Sehenswürdigkeiten entdecken, wie das Rathaus, die Simultankirche, das Salzhaus, das Alte Hospital, das Haus Lindenlaub, das Schloss und sogar ein Scharfrichterhaus reiht sich ein unter die altehrwürdigen Häuser. Auffallend sind auch die zahlreichen steinernen Zeichen der Zünfte, die an den Fassaden zu sehen sind als Hinweise darauf, dass hier einst

Bäcker, Metzger, Gerber, Wollweber, Bierbrauer und zahlreiche andere ihrem Handwerk nachgingen.

Mosbach hat sich trotz seiner reichen Geschichte nicht zu einem Freilichtmuseum entwickelt, sondern ist als bedeutendes Mittelzentrum Anziehungspunkt für die umliegenden Städte und Gemeinden. »In Mosbach ist immer was los«, hört man so manchen Besucher sagen, den eines der zahlreichen Veranstaltungsangebote in die Stadt gelockt hat. Die regelmäßig wiederkehrenden Märkte wie beispielsweise der Kunsthandwerker-, Antik- oder Blumenmarkt verwandeln die Stadt in eine Flaniermeile. Beim traditionellen Frühlingsfest drängen sich die Menschen in den Gassen und der Veranstaltungsreigen des Mosbacher Sommers hat mittlerweile Kultcharakter erreicht. Hinzu kommen Theateraufführungen, Konzerte, Kleinkunst, Ausstellungen und Lesungen. Und die Kleinstadtperle ist auch Einkaufsstadt: In den zahlreichen, oft inhabergeführten Fachgeschäften lässt es sich gut shoppen, und zum Ausklang des Einkaufsbummels locken gemütliche Restaurants und Cafés zur Einkehr.

Wanderung durch drei Naturschutzgebiete

1

Vom Nüstenbachtal zum Neckartal

2¾ Std.
12,2 km
180 m

Mosbach – Henschelberg – Nüstenbachtal – Schreckberg – Neckarelz

Mosbach, Diedesheim, Neckarelz

Auf dieser Tour lernen wir drei besonders schützenswerte Landschaften und Naturräume rund um Mosbach kennen. Wir durchwandern die Naturschutzgebiete »Henschelberg«, »Nüstenbachtal« und »Schreckberg«, erklimmen Höhen und streifen am kleinen Bach und großen Fluss entlang. Dabei genießen wir immer wieder grandiose Ausblicke.

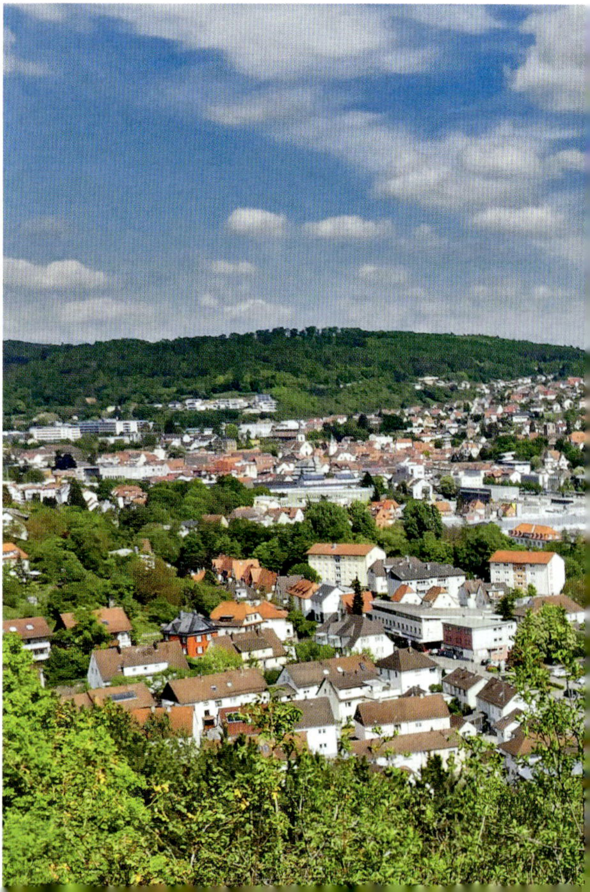

INFOS

Wander- und Radwanderkarte 18: Südlicher Odenwald, Bauland, 1:20 000

GPS 49.351621/ 9.144907

Rückfahrt: S-Bahn vom Bhf. Neckarelz nach Mosbach

Alternative zu Fuß: Parkplatz Schifferdecker – Neckarsteig – Hamberg – Bismarckturm – Mosbach

Los geht es am **Mosbacher Marktplatz** ❶, wo wir dem blauen Dreieck (Baulandweg) Richtung Bahnhof folgen. Wir durchqueren die Unterführung, nehmen die letzte Treppe rechts, die zur Bleichstraße führt. Wir folgen ihr bis zur Straße »Am Henschelberg«, überqueren diese, nehmen den gegenüberliegenden Treppenweg nach oben bis zum »Sonnenrain« ❷. Bereits hier hat man einen tollen Ausblick auf Mosbach.

Doch es kommt noch besser: Nach einem kurzen Stück nach links führt uns ein weiterer Treppenweg noch höher und ins **Naturschutzgebiet Henschelberg** (Infotafel). Wer auf dem anschließenden steilen Schlängelpfad außer Puste gerät, kann auf Bänken in den Steilkurven rasten und sich am **Mosbacher Panoramablick** erfreuen.

Panoramablick auf Mosbach

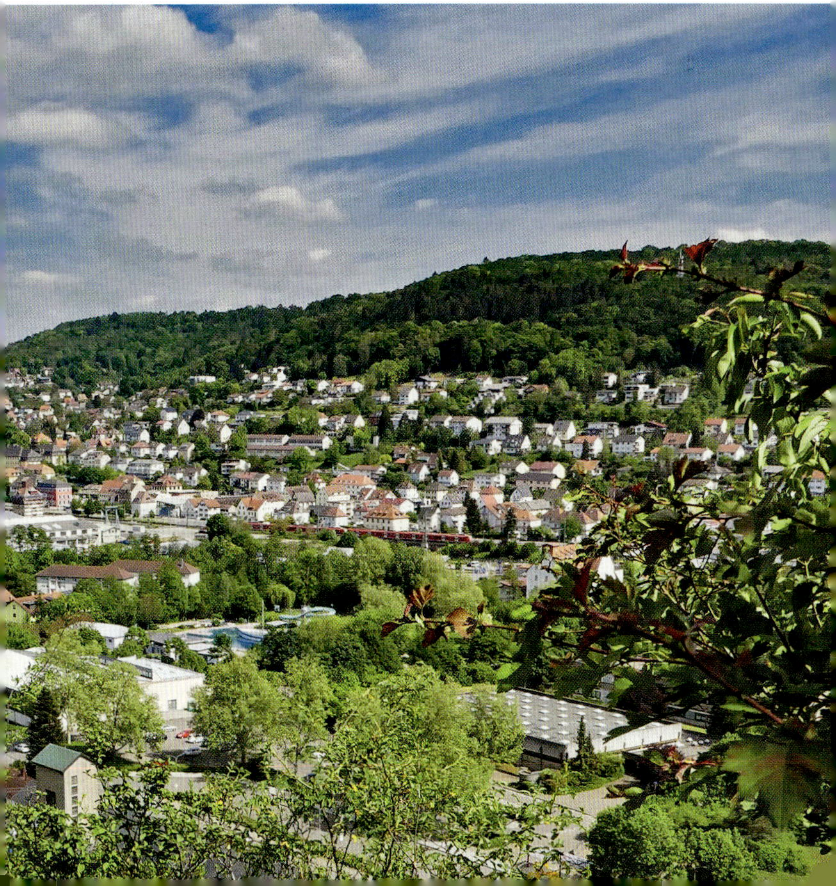

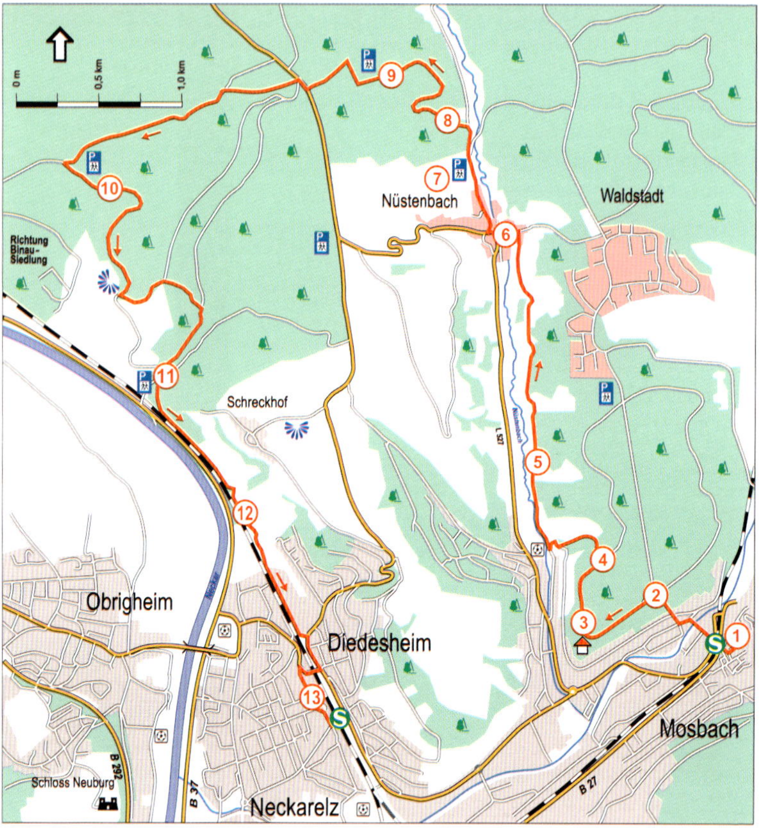

Weiter geht's, bis wir auf einen breiten Waldweg nach links abbiegen. Wir folgen dem Neckarsteig-Zeichen und der »1«, passieren einen **Pavillon** ❸. Wo der Hauptweg nach rechts oben ansteigt, nehmen wir den kleinen Pfad links ❹, der uns durch einen schönen Wald ohne Markierung stetig bergab führt. Unten angekommen, wenden wir uns an einer Bank nach rechts und folgen nun der Markierung »M 4/5«, die uns ins bezaubernde **Nüstenbachtal** ❺ führt.

Es ist das zweite Naturschutzgebiet unserer Wanderung mit der Bezeichnung »Nüstenbachtal, Hessental und Masseldorn«. Immer den mäandernden Nüstenbach im Blick folgen wir dem romantischen Talweg (»M 5«) bis nach **Nüstenbach**. An der Wendeplatte ❻ in der Dorfmitte biegen

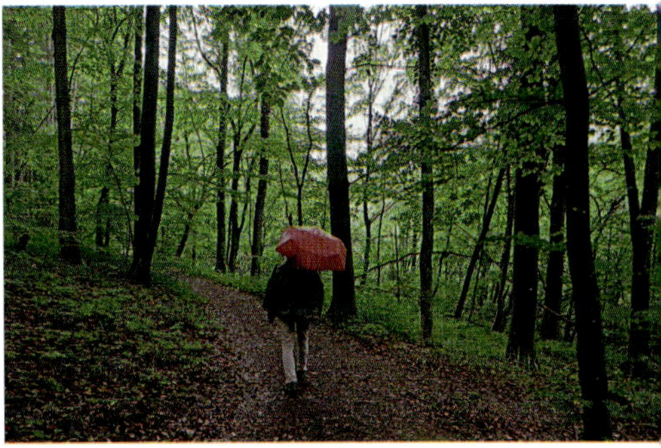

wir mit der roten Raute nach rechts ab und laufen den Hardwiesenweg vorbei am **Parkplatz »Skipiste«** 7 wieder ein Stück ins Nüstenbachtal hinein. Kurz nach dem Skilift biegen wir nach links 8 ab und folgen den Markierungen »2« und »3« leicht ansteigend in den Wald hinein bis zum **Parkplatz »Weißer Stein«** 9.

Wir überqueren die Straße, wenden uns nach rechts und gehen ein Stück die Straße entlang, bis links ein Weg mit dem gelben »V« auftaucht, auf dem wir gleich darauf wieder rechts abbiegen. Am Ende des Weges biegen wir nach links ab auf eine kleine Fahrstraße in Richtung Binau. Wir erreichen den Parkplatz »Binauer Forst« 10, gehen weiter geradeaus, um dann scharf links mit der Markierung »Neckarsteig« abzubiegen.

Durch den Wald oberhalb der Binau-Siedlung erreichen wir den Parkplatz Schifferdecker 11, folgen weiter dem Neckarsteig-Zeichen, bis wir den **Schreckberg** – ein weiteres Naturschutzgebiet – erreichen. Hier verlassen wir den

Auch bei Regen lässt es sich wandern.

Schattenspiele am Nüstenbach

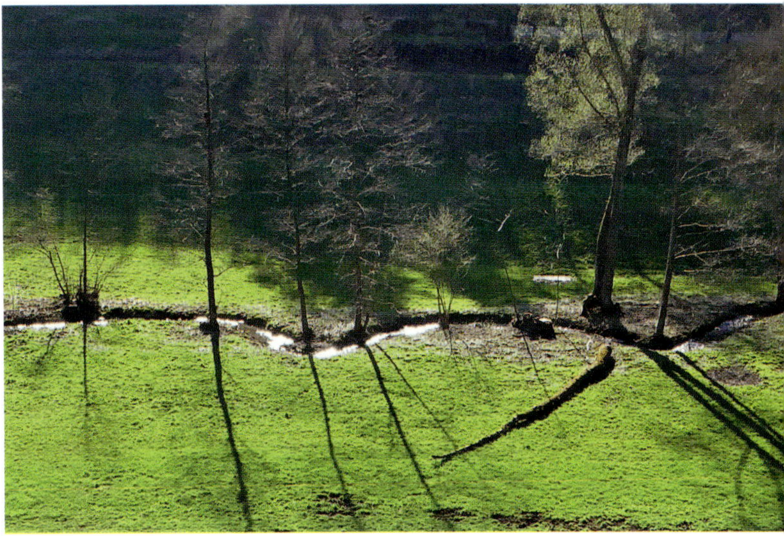

Naturschutzgebiet Schreckberg

Das an einem steilen Prallhang des Neckars nördlich von Diedesheim gelegene Naturschutzgebiet ist geprägt von Ablagerungen des ehemaligen Muschelkalkmeeres. Mit etwas Glück findet man hier Muscheln oder Schnecken als Versteinerungen. Aber auch die Tier- und Pflanzenwelt ist hier besonders vielfältig mit Mager- und Trockenrasen, orchideenreichen Streuobstwiesen, kleinen Bachläufen, seltenen Moosen, verschiedenen Heuschreckenarten, Faltern und gefährdeten Vogelarten. Die Trockenmauern stammen aus der Zeit, als hier noch Weinbau betrieben wurde. Verschiedene Tafeln an den Wegen und das Informationszentrum »Milchhäusle« auf dem Schreckhof geben Aufschluss über diese besondere Landschaft. Auch für Kinder ist das interessant, denn das Maskottchen »Schrecki« begleitet den Naturerlebnispfad.

Neckarsteig und folgen nun mit dem roten »R« dem unteren der **drei Weinbergwege** 12 am Schreckberg, der uns herrliche Ausblicke auf das Neckartal schenkt. Wir kommen an der Straße »Unterer Weinbergweg« heraus, laufen nach rechts an der Firma Hüller Hille vorbei, über die Bahnbrücke zum Neckarelzer Bahnhof, wo uns ein Zug zurück nach Mosbach bringt.

Blick vom Schreckberg auf die Neckarschleife

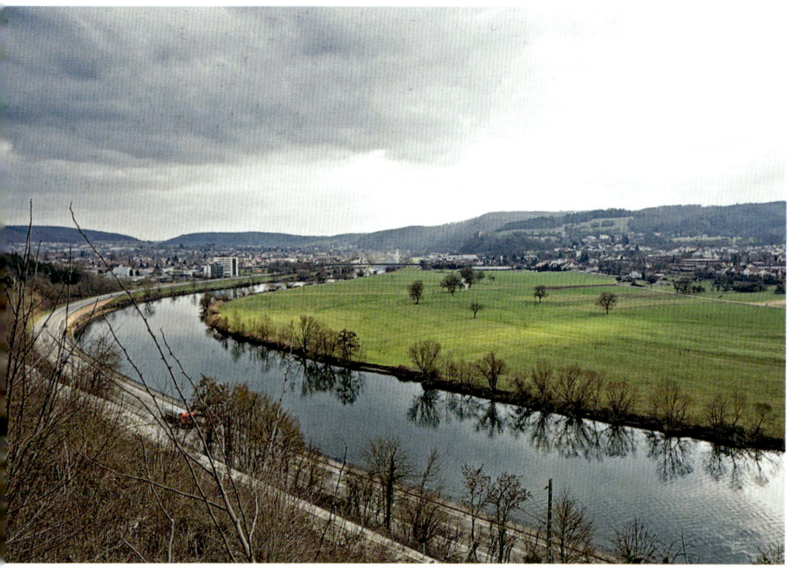

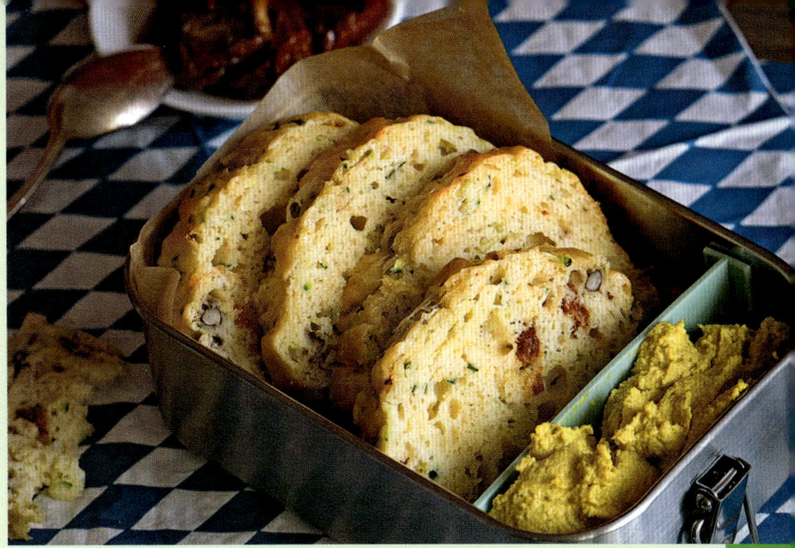

Zucchini-Kuchen mit Walnüssen

2 PORTIONEN

150 g Zucchini
1 Frühlingszwiebel
50 g Walnüsse
1 EL Backpulver
250 g Dinkelmehl
3 Eier
200 ml Joghurt
120 g getrocknete Tomaten
50 g geriebener Käse

Den Backofen auf 160° Ober-/Unterhitze vorheizen. Eine Kastenbackform (30 cm lang) mit Backpapier auslegen. Zucchini klein raspeln, in ein Geschirrtuch wickeln und gut ausdrücken. Die Frühlingszwiebel fein würfeln und die Walnüsse grob hacken. In einer Schüssel Backpulver und Mehl vermischen, dann mit dem Schneebesen Eier und Joghurt dazu rühren. Die getrockneten Tomaten klein schneiden, zusammen mit Zucchini, Walnüssen, Zwiebel und Käse dazugeben und nochmals alles gründlich verrühren. In die Kastenform geben und im Ofen 45–50 Minuten backen.

Vollständig abkühlen lassen und dann in Scheiben schneiden. Dazu passt Hummus.

Weite Blicke ins Land

2

Rundwanderung von Mosbach über den alten Römerweg

2½ Std.
10,4 km
190 m

Mosbach Krankenhaus – Schefflenzer Steige – Römerweg – Dallau – Neckarburken – Mosbach

Mosbach, Dallau

INFOS

Wander- und Radwanderkarte 18: Südlicher Odenwald, Bauland, 1:20 000

GPS 49.351621/9.144907

Ohne Anstiege geht es beim Wandern um Mosbach herum kaum. So auch bei dieser Rundtour von Mosbach über den Römerweg nach Dallau und wieder zurück. Doch wer zu Beginn der Wanderung ein wenig Anstrengung in Kauf nimmt, hat grandiose Ausblicke in die Landschaft. Zudem wandeln wir mal wieder auf den Spuren der alten Römer, denn auch sie blickten zur Grenzsicherung gerne in die Ferne.

Wir starten am **Mosbacher Krankenhaus** 1, laufen die Alte Schefflenzer Steige nach oben, queren die Sulzbacher Straße und setzen unseren Weg auf der anderen Seite fort. Nun gilt es ein paar Höhenmeter durch den Wald zu bewältigen. Doch oben angekommen, werden wir belohnt mit weiten Ausblicken nach beiden Seiten bis hin zum **Katzenbuckel**. Dass wir auf einer alten Römerstraße wandern, verrät uns ein Hinweisschild zum **Wachtposten**

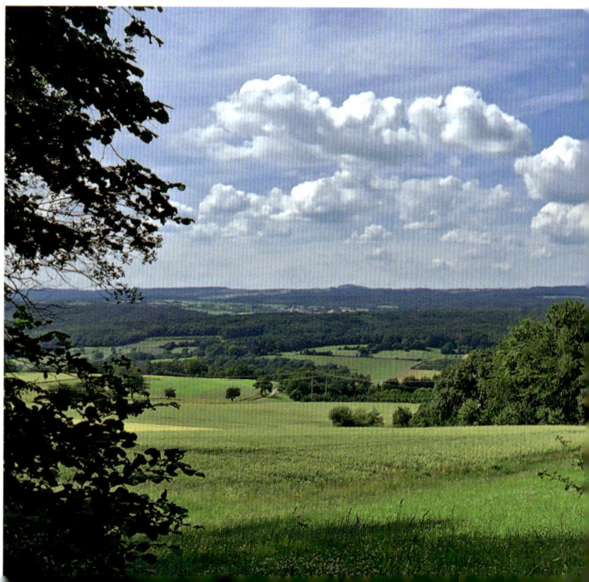

Römerstraße und Badische Chaussee

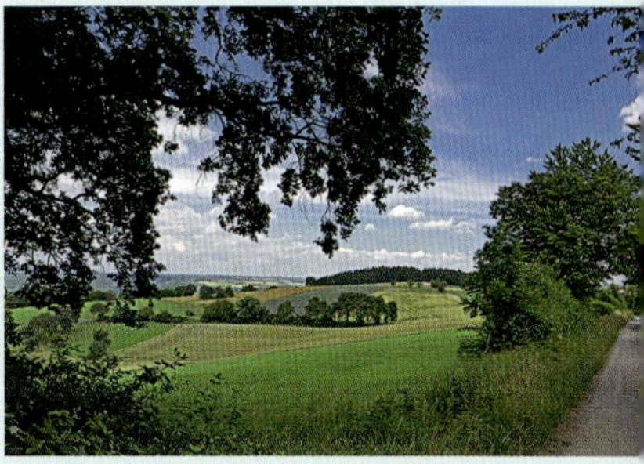

Eine Straße mit Geschichte: Die Gemeindeverbindungsstraße auf der Hochebene zwischen Mosbach und Schefflenz wird im Volksmund »Römerstraße« genannt. Von 1810 bis 1840 war sie jedoch auch Teil der »kurpfälzischen Chaussee« von Mosbach nach Buchen. Und sogar Goethe kutschierte auf der Chaussee entlang auf seinem Rückweg von Heidelberg nach Weimar, nachdem er in Neckarelz übernachtet hatte. Der Anstieg über die Schefflenzer Steige war so langsam, dass sein Diener vom Bock springen und nebenher noch Versteinerungen für seinen Herrn sammeln konnte.

»Straßenäcker« 2, der sich einst hier erhob. Außer einer Bodenwelle und einer kreisrunden Steinstreuung im Acker ist aber nichts weiter mehr zu sehen.

Es ist ein Genuss, hier oben auf diesem asphaltierten **Panoramaweg** zu laufen, der mit dem blauen Dreieck markiert ist. Wir finden einen schönen Rastplatz links des Weges mitten auf der Wiese. Die dicken Sommerwolken über

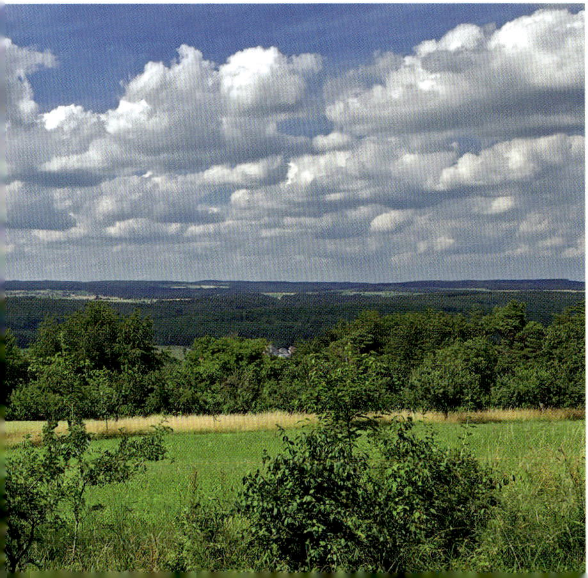

Herrliche Aussicht von der alten Römerstraße bis zum Katzenbuckel

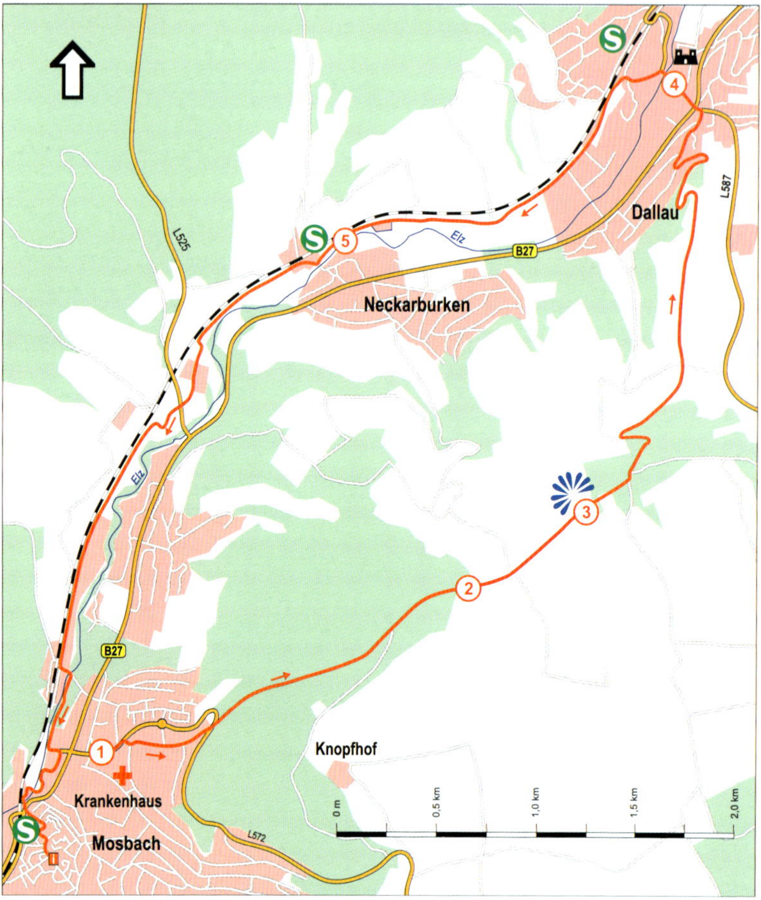

uns sind zum Greifen nah, und der weite Blick über Felder und Wälder, Hecken und Wiesen lässt Urlaubsgefühle aufkommen. Kurz darauf gelangen wir am Waldrand links an einen **weiteren Aussichtspunkt** ❸, den man von einer Bank aus genießen kann.

Wir setzen unseren Weg fort, der uns ein Stück durch den **Forlenwald** führt, und biegen dann nach links ab Richtung Dallau. Der Weg (blaues Dreieck) führt nun stetig bergab durch Felderlandschaft und gewährt uns weiterhin schöne Blicke ins Tal. In Dallau angekommen, nehmen wir an der Kirche einen Treppenweg nach unten zur Ortsmitte.

Obstbaumwiesen prägen das Landschaftsbild

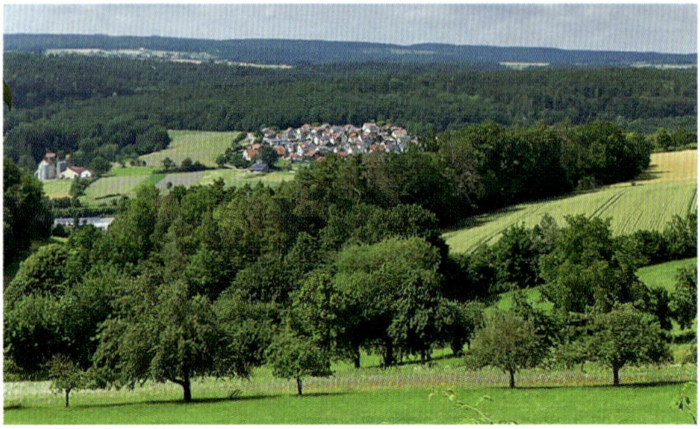

Wir überqueren an der Ampel die Hauptstraße und gehen geradeaus weiter die Dorfstraße entlang, wo uns ein weiterer Höhepunkt unserer Wanderung erwartet: Das **Dallauer Wasserschloss** 4. Hier lässt es sich auf dem schön gestalteten Schlossplatz ebenfalls gut rasten.

Wir verlassen die eindrucksvolle Anlage und gehen weiter Richtung Dallauer Bahnhof, wo wir vor der Unterführung nach links in den Weg »Im Trienzfeld« einbiegen. Auf dem 3-Täler-Radweg entlang der Elz laufen wir über **Neckarburken** 5 wieder zurück nach Mosbach – diesmal gemütlich und ganz ohne Anstiege.

Wasserschloss Dallau

Mitten in Dallau thront es und zieht alle Blicke auf sich: Das einst »baufällige Schlösslein« hat sich zu einem wahren Schmuckstück der Gemeinde

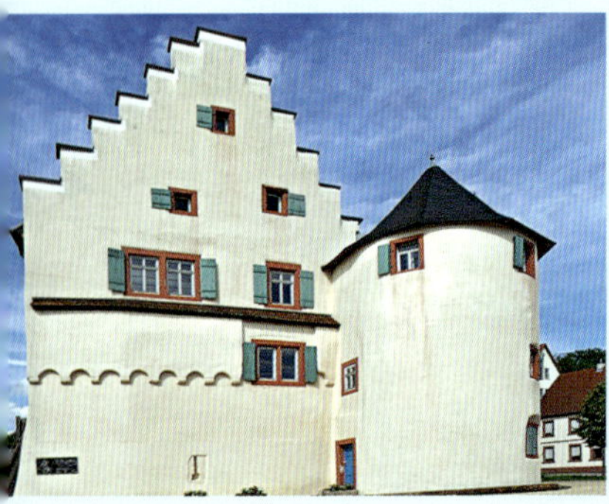

gemausert. 1974 ging es in den Besitz der Gemeinde Elztal über, wurde umfassend saniert und dient heute repräsentativen und kulturellen Zwecken. Auch der Schlossplatz wurde umgestaltet und wird für Veranstaltungen genutzt. Das Schloss, das um 1300 von den Dallauer Ortsherren von Heinriet erbaut wurde, hat eine wechselvolle Geschichte hinter sich. Es erlebte zwei Zerstörungen und diverse Um- und Anbauten. 1416 erwarb es der Deutsche Orden. Von der ursprünglichen Anlage ist heute der Palas mit dem Staffelgiebel, flankiert von dem dicken Turm, erhalten.

3 Orte zum Träumen, Landschaften zum Verlieben

Rundwanderung von Mosbach über Luttenbachtal und Hardhofsee

Und hier eine unserer Lieblingswanderungen: Sie führt uns hinab ins walddunkle Luttenbachtal und hinauf in die offene weite Felderlandschaft um den Hardhof, Mosbachs höchstgelegenem Ortsteil. Und als kleines Highlight gibt es auch noch einen romantischen kleinen See.

3 Std.
7 km
160 m

Mosbach Franz-Roser-Platz – ehemalige Neckartalkaserne – Luttenbachtal – Hardhof – Hardhofsee – Mosbach

Mosbach

INFOS

Wander- und Radwanderkarte 18: Südlicher Odenwald, Bauland, 1:20000

GPS 49.350101/ 9.145682

Start ist in Mosbach am **Franz-Roser-Platz** 1 bei der Kirche St. Cäcilia. Wir überqueren die Pfalzgraf-Otto-Straße auf Höhe des Finanzamtes und gehen mit der Markierung »M2« die Forststraße hinauf, die uns stetig bergauf und an ihrem Ende in den Wald hineinführt. Weiter mit »M2« laufen wir auf einem breiten Forstweg stetig leicht ansteigend bis zur Straße »Hardhofweg«, die wir bei der früheren **Neckartalkaserne** 2 überqueren. »M2« vereinigt sich hier mit dem Neckarsteig.

Wir laufen links von der ehemaligen Kaserne wieder in den Wald hinein, zur Abwechslung geht es nun bergab durch einen schönen lichten Wald, bis wir zur **Luttenbachtalstraße** kommen, die hier eine große Kehre 3 macht.

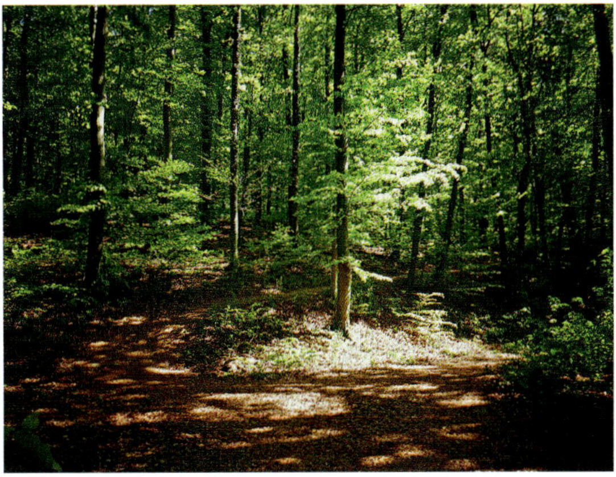

An heißen Sommertagen ist der Wald ein Ort der Erholung.

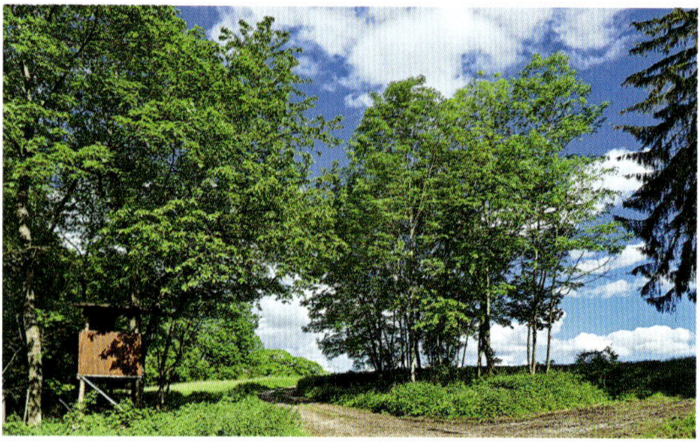

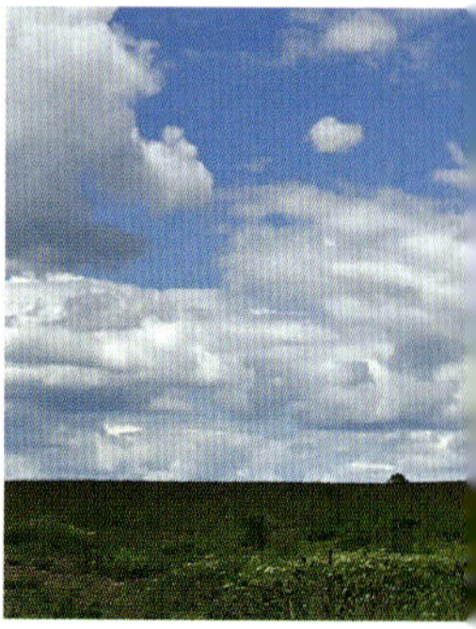

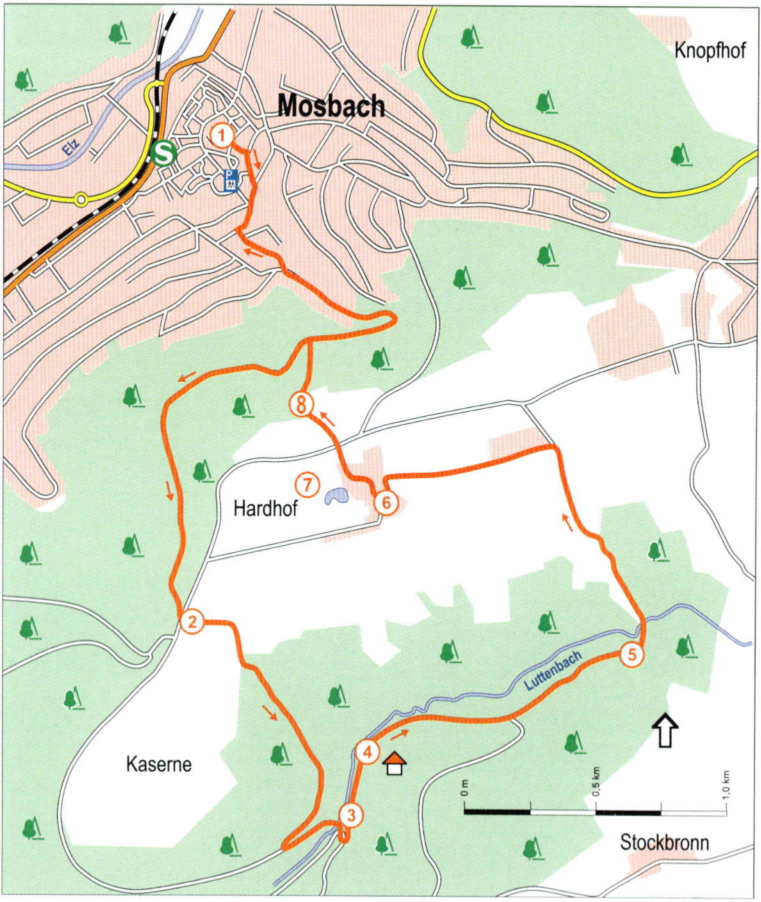
Mosbach
Knopfhof
Elz
Hardhof
Kaserne
Luttenbach
Stockbronn
0 m
0,5 km
1,0 km
1
2
3
4
5
6
7
8

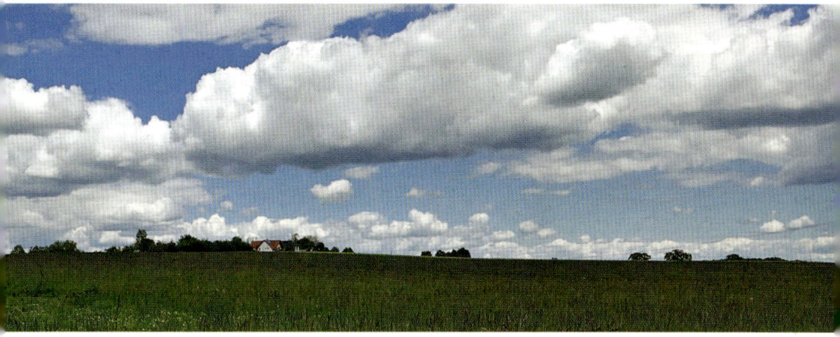

Wir queren die Straße und können direkt gegenüber durch eine Aussparung in der Leitplanke unseren Weg fortsetzen. Ein kleiner Pfad führt uns hinunter zum **Luttenbach**, wir wenden uns dort nach links und gehen ein Stück am Bach entlang, bis wir wieder durch ein »Schlupfloch« in der Leitplanke ein zweites Mal die Straße kreuzen. Ein kurzer und wildromantischer Weg inmitten einer engen Straßenkurve!

Links: Welcher Weg ist der richtige? Hier hilft die rote Raute weiter.

Rechts: Blick zum Weiler Hardhof

Drüben angekommen nehmen wir den Weg ohne Markierung, der links ins Luttenbachtal hineinführt und verlassen den Neckarsteig. Wir laufen an der **Neckarzimmerner Waldhütte** 4 vorbei, der Wald umfängt uns, links von uns plätschert der Luttenbach, an den die steilen Waldhänge angrenzen. Wir bleiben auf dem Weg, bis wir fast am Ende des Waldes auf die Rote Raute stoßen, die uns über einen schmalen Pfad nach links über den **Luttenbach** 5 führt.

Von hier oben kann man bei guter Sicht bis zum Katzenbuckel schauen.

Nun geht es wieder auf die Höhe, die Landschaft öffnet sich, wir blicken über Felder und Obstbaumwiesen. Rechts von uns liegt das **Bergfeld**, links die kleine Häuseransammlung des Weilers Hardhof, unser nächstes Ziel. An der Bodenseewasserversorgung wenden wir uns deshalb nach links und verlassen die Rote Raute. Was für eine schöne Landschaft! Flankiert von einer Reihe von Obstbäumen erreichen wir den **Hardhof** 6, gehen nach links und folgen der Straße dann nach rechts in den hübschen Weiler hinein.

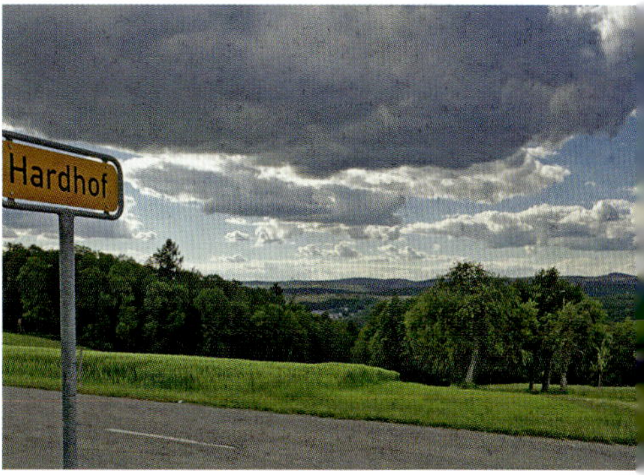

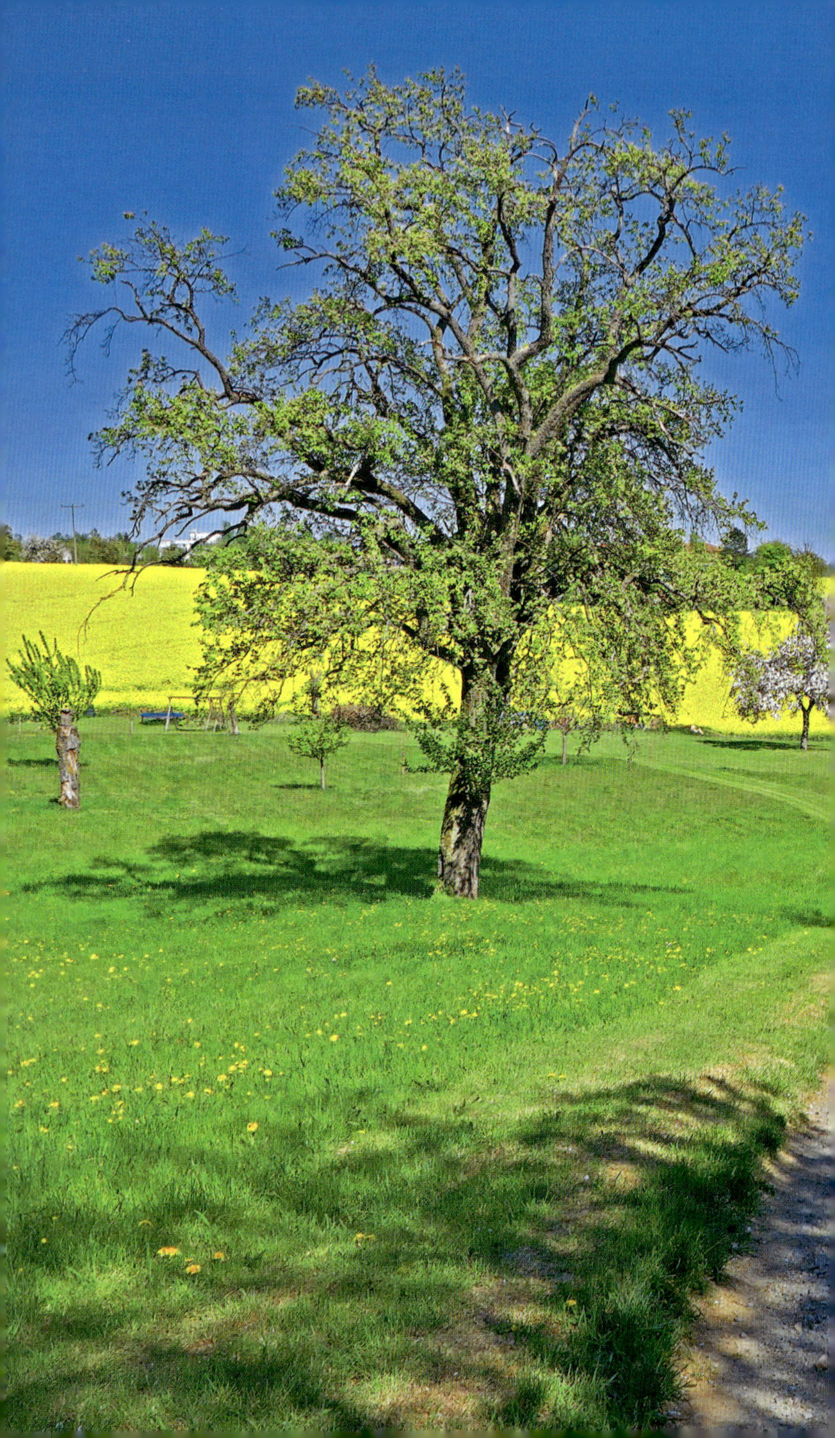

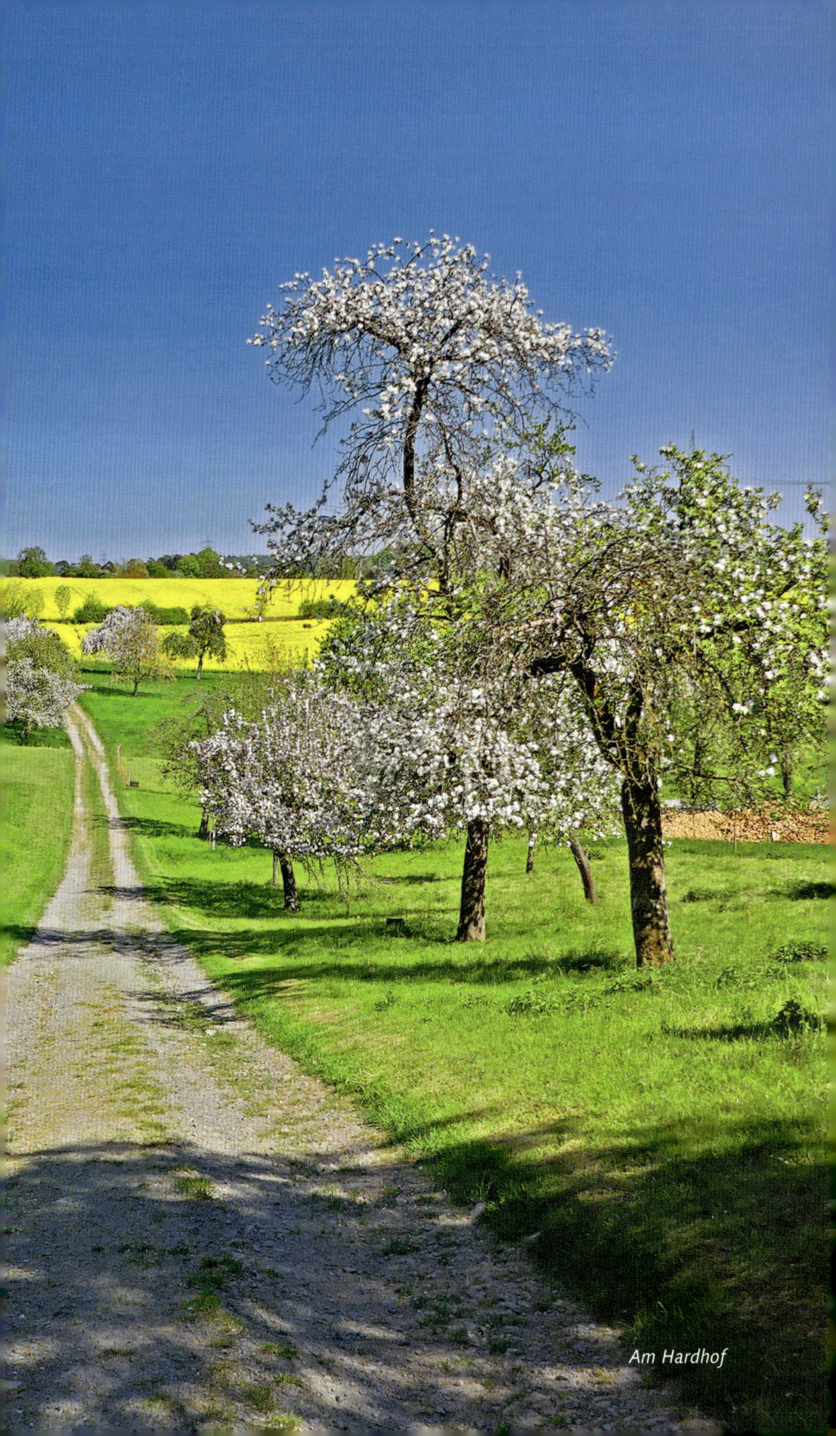

Am Hardhof

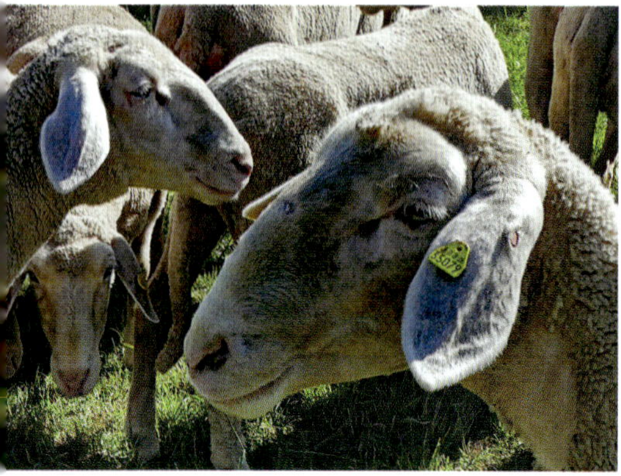

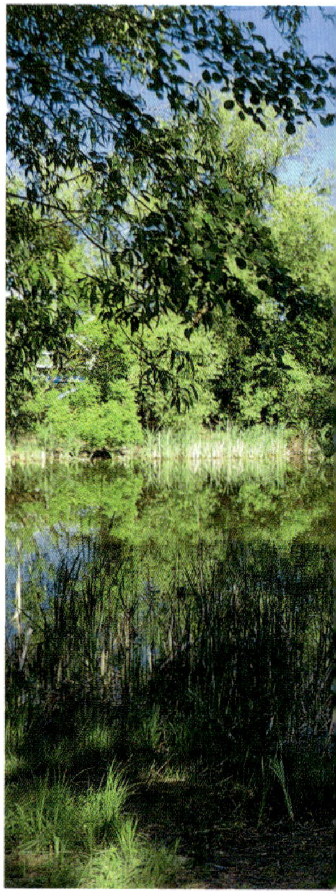

Links: Friedliche Wegbegleiter: Schafherde am Hardhof

Rechts: Ein Naturkleinod: der Hardhofsee

Am Ortsende machen wir einen Abstecher nach links zum **Hardhofsee** 7, einem der idyllischsten Flecken auf Mosbacher Gemarkung. Umgeben von hohen uralten Weiden ist dies ein Ort zum Träumen – eine Ruhebank lädt dazu ein. Auch seltene Vögel und Amphibien fühlen sich hier wohl. Wir gehen wieder zurück zur Ortsstraße und wenden uns nach links. Bevor wir wieder die Straße »Hardhofweg« überqueren, genießen wir noch die tolle Aussicht auf den Hohen Odenwald mit dem Katzenbuckel.

Nun geht es auf einem schmalen Pfad, der im Sommer auch etwas zugewachsen sein kann, wieder bergab Richtung Mosbach. Am Ende des Weges gehen wir links, laufen nun ein Stück den Neckarsteig entlang vorbei an der legendären **Geistereiche** 8 – einem uralten Baumveteranen, immer noch beeindruckend, auch wenn er inzwischen von Gurten gehalten werden muss. Der Neckarsteig zweigt nach links ab, wir gehen geradeaus weiter einen kleinen Abhang hinab und stoßen unten an der Wegkreuzung wieder auf unseren »M2«-Weg vom Beginn der Wanderung, der uns nach rechts zur Forststraße und wieder zum Ausgangspunkt Franz-Roser-Platz führt.

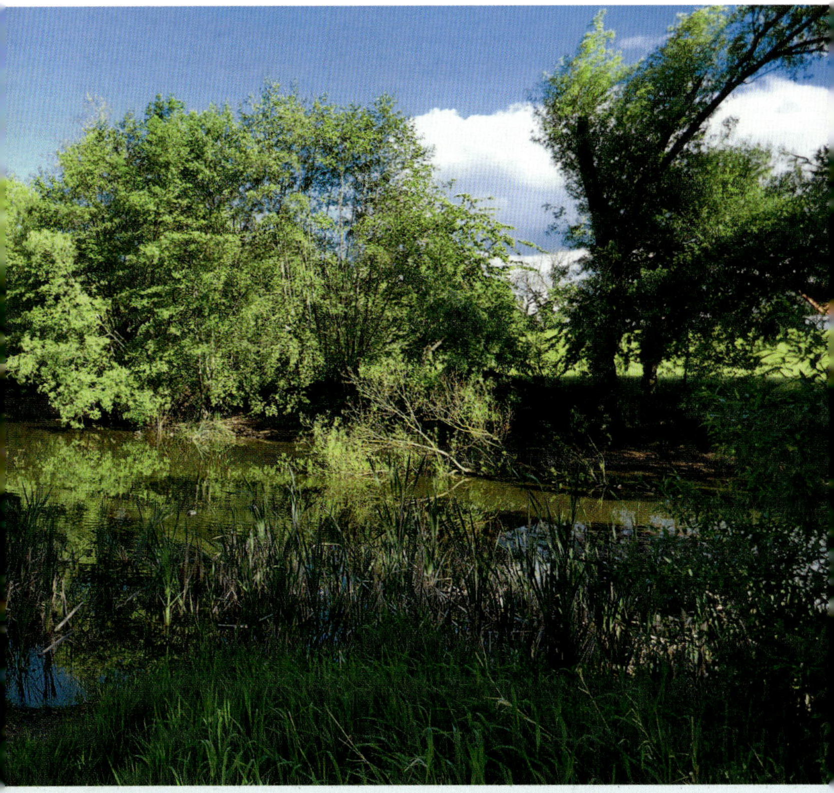

Hardhofsee

Wie der Hardhofsee entstanden ist, weiß niemand so genau. Feuerlöschteich, Eisweiher oder ein Relikt keltischer Eisenerzgewinnung? Auf alle Fälle ist das Stillgewässer – eines der wenigen Mosbachs – heute ein Naturkleinod, in dem u. a. der europaweit geschützte Kammmolch lebt. Frösche, Kröten und Molche haben hier ihre Kinderstube und Schwarzerlen und Silberweiden säumen das Ufer. Auch Insekten und Vögel aller Art fühlen sich hier wohl, von der filigranen Mosaikjungfer bis zu Distelfink, Buntspecht und Weidenlaubsänger (Zilpzalp). Für den Fortbestand dieses wertvollen Ökosystems sind ausgesetzte Goldfische eine tödliche Gefahr. Der Naturschutzbund Mosbach, der Miteigentümer des Hardhofsees ist, musste jüngst in einer großen Aktion den See von diesen Fischen befreien und hofft, dass sich das Biotop wieder erholen kann.

Durch Wald und Weinberge 4

Abwechslungsreiche Rundwanderung von Mosbach über Neckarzimmern mit vielen Highlights

3 Std.
12,6 km
170 m

Mosbach Marktplatz – Waldhütte am Stutz – Guckstein – Alter Weinbergweg Neckarzimmern – Burg Hornberg – Mahnmal Neckarzimmern – Geistereiche – Mosbach

Burg Hornberg, Mosbach

INFOS

Wander- und Radwanderkarte 21: Neckartal-Stauferland, 1:20 000

GPS 49.351621/ 9.144907

Auf dieser Wanderung gibt es besonders viel zu entdecken: Einen originellen Guckstein, eine alte Ritterburg und einen Ort, der zum Nachdenken anregt. Dazu wunderbare Ausblicke ins Neckartal und mal wieder die Erkenntnis, in welch reizvoller Landschaft wir doch leben.

Wir starten vom wunderschönen **Mosbacher Marktplatz** 1 – die Mosbacher Altstadt ist einen Extraausflug wert – gehen die Schlossgasse/Heugasse hinauf und erreichen über die Treppe am Kandelschussbrunnen die Pfalzgraf-Otto-Straße. Wir halten uns rechts bis zur **Kirche St. Cäcilia** 2, biegen dort links in die Forststraße und folgen der ersten Abzweigung nach rechts (Am Hardberg) bis zum Ende. Dort wenden wir uns nach links in die Schillerstraße 3, wandern ein kleines Stück bergauf, bis uns nach der Einmündung der Friedrich-Hölderlin-Straße ein kleiner Fußweg (Flürleinweg) 4 nach rechts in den Wald hineinführt.

Nach Überqueren einer Fahrstraße setzen wir unseren Waldweg mit der Markierung »M3« (Alte Waldsteige) fort. Wir erreichen die **Waldhütte am Stutz** 5 am Waldrand, hier öffnet sich der Blick auf Felder und Obstbaum-

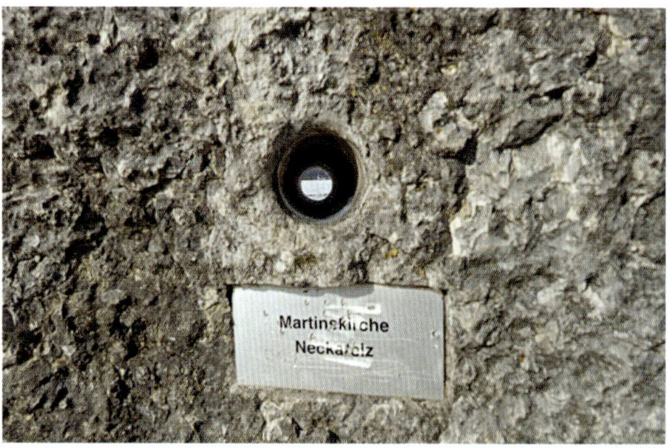

Blick durch den Guckstein

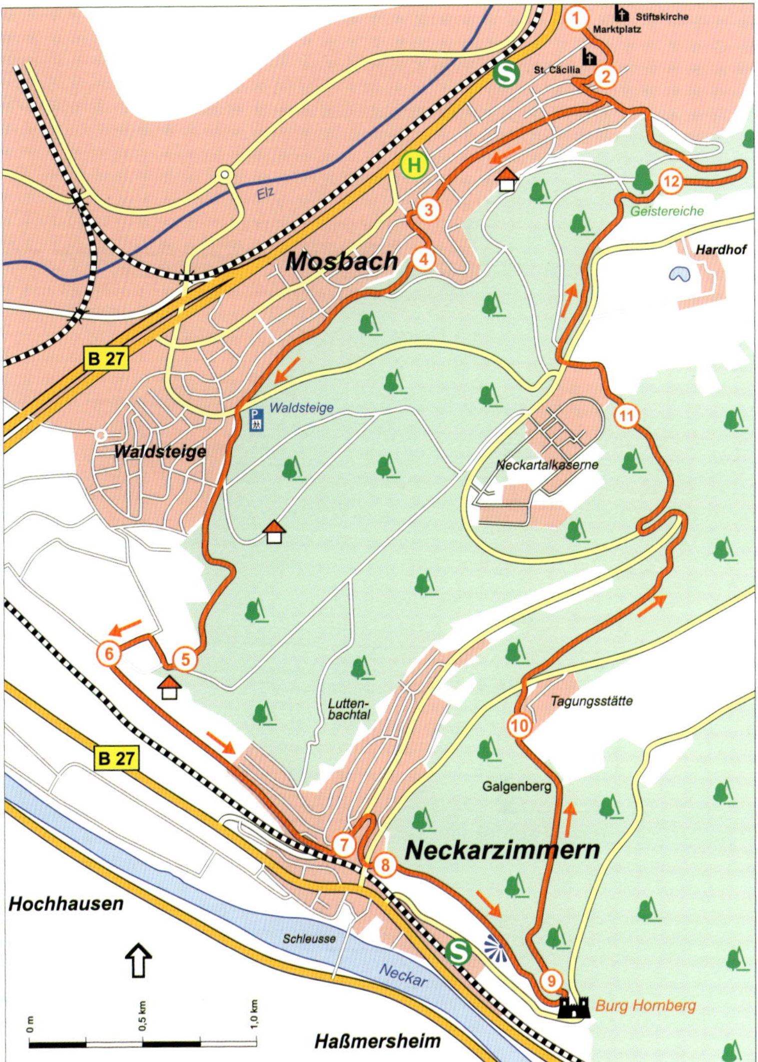

wiesen. Wir laufen an der Hütte vorbei, folgen einem kleinen Pfad Richtung Strommasten (M3), biegen nach links auf einen Feldweg und stoßen kurz drauf linkerhand auf den **Guckstein** 6 – einem ganz besonderen Findling mit Durchblick. Seine »Gucklöcher« lenken den Blick auf markante Punkte in der Umgebung, wie z. B. die Martinskirche

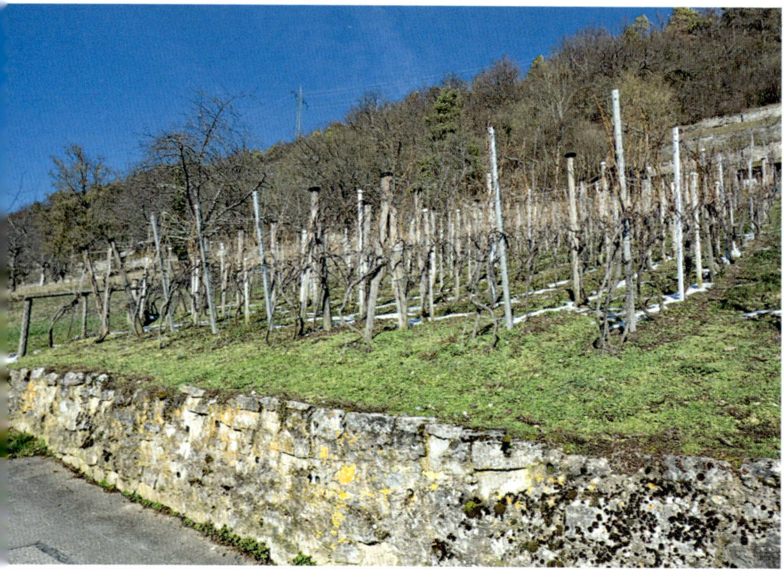

Weinberge bei Neckarzimmern

in Neckarelz oder Schloss Neuburg. Der originelle Aussichtspunkt ist der Flurbereinigung 1995 zu verdanken. Hier kann nicht nur geguckt werden, sondern eine Bank lädt auch zur Rast ein.

Weiter geht es nach links auf dem **Alten Weinbergweg Neckarzimmern**. Dieser Panoramaweg (M3) oberhalb der Bundesstraße und des Neckars bietet grandiose Ausblicke und viel Wissenswertes. Wir befinden uns im **Naturschutzgebiet »Auweinberge und Fuchsenloch«**. Manch guter Tropfen wurde hier früher angebaut. Davon zeugen die gut erhaltenen Weinbergmauern und Lesesteinriegel. Nun ist es nicht mehr der Wein, sondern ein großer Artenreichtum an Pflanzen und Tieren, der diese Landschaft in den Rang eines Naturschutzgebietes erhoben hat. Am Ende des Weges durch Neckarzimmerner Wohngebiet (Mosbacher Weg) überqueren wir die Straße und wenden uns nach links 7.

Wir folgen nun dem roten »R« am Friedhof vorbei, biegen nach rechts in den Weg »Am Luttenbachstollen«, dann nach einer scharfen Rechtskurve weiter auf »R«, zu dem sich auch das Neckarsteig-Symbol gesellt 8. Es geht steil nach oben zur **Burg Hornberg** 9 hinauf. Herrliche Ausblicke auf das Neckartal und das gegenüberliegende Haßmersheim sind der Lohn für den Anstieg!

Burg Hornberg

Schon lange tot, doch immer noch sehr lebendig: Auf Burg Hornberg wird die Erinnerung an Götz von Berlichingen, den fränkischen Reichsritter, wachgehalten. Denn der Mann mit der eisernen Hand lebte hier von 1517 bis 1562. Die Burg zählt zu einem der Anziehungspunkte der Region und ist immer einen Besuch wert. Die sehr gut erhaltene Burgruine bietet nach einer umfassenden Generalsanierung nicht nur herrliche Aussichten ins Neckartal, sondern auch spannende Erlebnisse wie z. B. Burgerkundungen oder die Original-Ritterrüstung von Götz im Burgmuseum. Und wer in einem besonderen Ambiente feiern, gut essen und trinken oder heiraten möchte, ist hier ebenfalls an der richtigen Adresse. Die Burg ist bis heute der Stammsitz derer von Gemmingen-Hornberg.

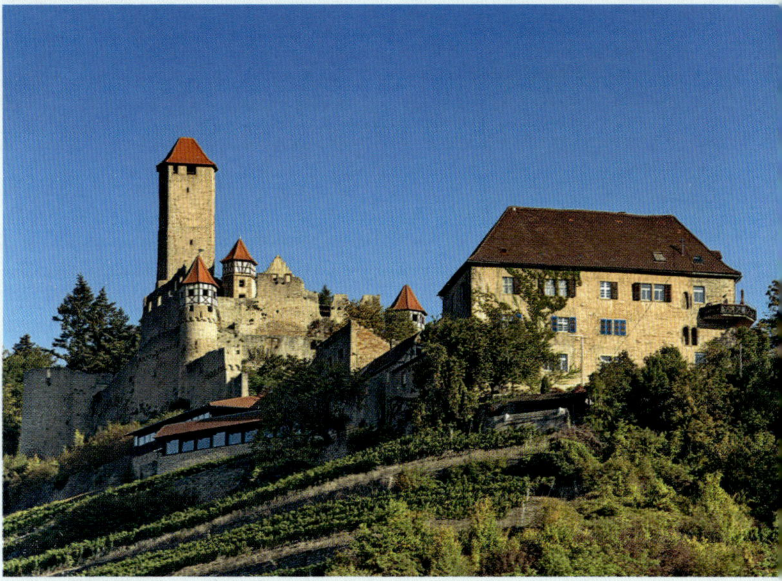

An der Burg laufen wir mit »M2« nach links und stoßen an der Tagungsstätte der Evangelischen Jugend mit dem eindrucksvollen **Mahnmal für deportierte Juden** 10 wieder auf den Neckarsteig. Dieser führt uns hinauf zur ehemaligen Neckartalkaserne 11 in den Wald hinein, an der **Geistereiche** 12 vorbei wieder zurück in die Mosbacher Altstadt.

Das Mahnmal in Neckarzimmern

Auf dem Gelände der Tagungsstätte der Evangelischen Jugend haben Jugendgruppen und Schulklassen ein einzigartiges Projekt entwickelt: ein Mahnmal für die über 5600 Jüdinnen und Juden aus 137 badischen Gemeinden, die 1940 ins Internierungslager Gurs verschleppt wurden. Auf einer 25×25 m großen Bodenskulptur in Form eines Davidsterns sind 137 individuell gestaltete Gedenksteine eingelassen. Sie stehen für die Orte, aus denen die Menschen deportiert wurden. Jeweils ein zweiter Erinnerungsstein erinnert im Herkunftsort an ihre Schicksale.

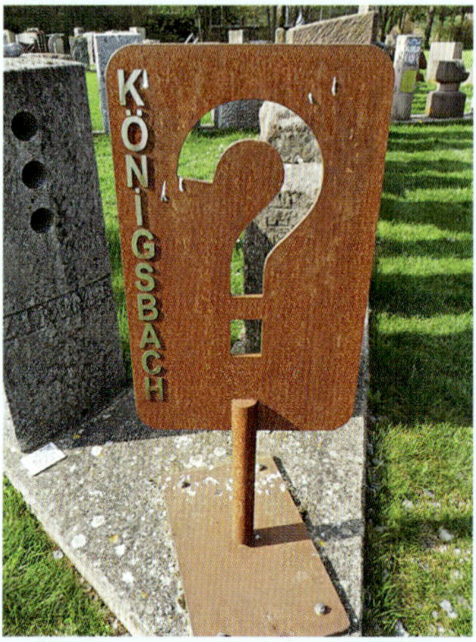

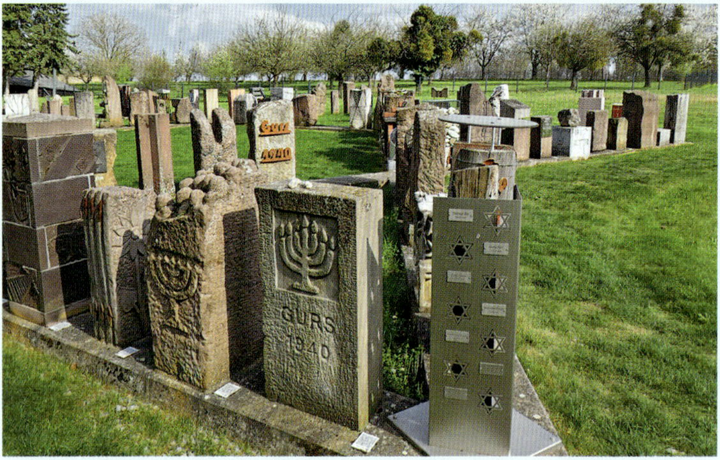

Geistereiche

Der älteste Baum in Mosbach ist in die Jahre gekommen, aber er steht noch. Allerdings muss er aufgrund seines Alters von über 400 Jahren inzwischen mit Stahlseilen gehalten werden. Die Geistereiche am Panoramaweg am Jubelsberg stand früher allein auf weiter Flur und das Heulen des Windes in ihrer Krone brachte ihr den Namen Geistereiche ein.

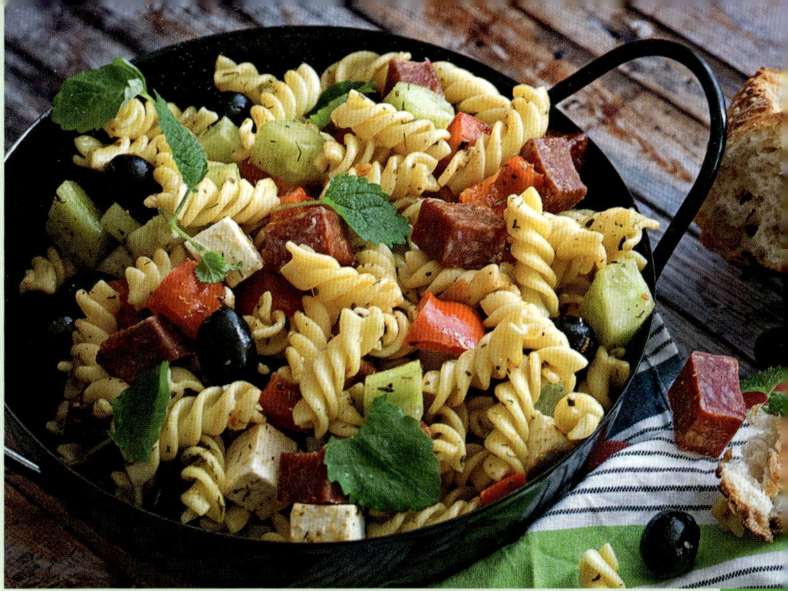

Mediterraner Nudelsalat

2 PORTIONEN

250 g rohe Bratwurst
5 EL Olivenöl
3 EL Weißweinessig
1 Gurke
250 g gekochte Nudeln nach Wahl
4 getrocknete Tomaten
150 g Schafskäse
4 Kirschtomaten
3 EL Oliven
Salz, Pfeffer, Kräuter der Provence

Das Brät in Portionen aus den Wurstpellen drücken und diese zu Klößchen rollen. 1 EL Öl in der Pfanne erhitzen und die Bratbällchen darin 6–8 Minuten rundum braten. Herausheben und abkühlen lassen. Die Gurke schälen und zusammen mit den Kirschtomaten, dem Schafskäse, den getrockneten Tomaten und den Oliven zerkleinern. Alle Zutaten mit den Nudeln vermischen, Essig und Öl darüber geben und mit Salz, Pfeffer und den Kräutern der Provence würzen.

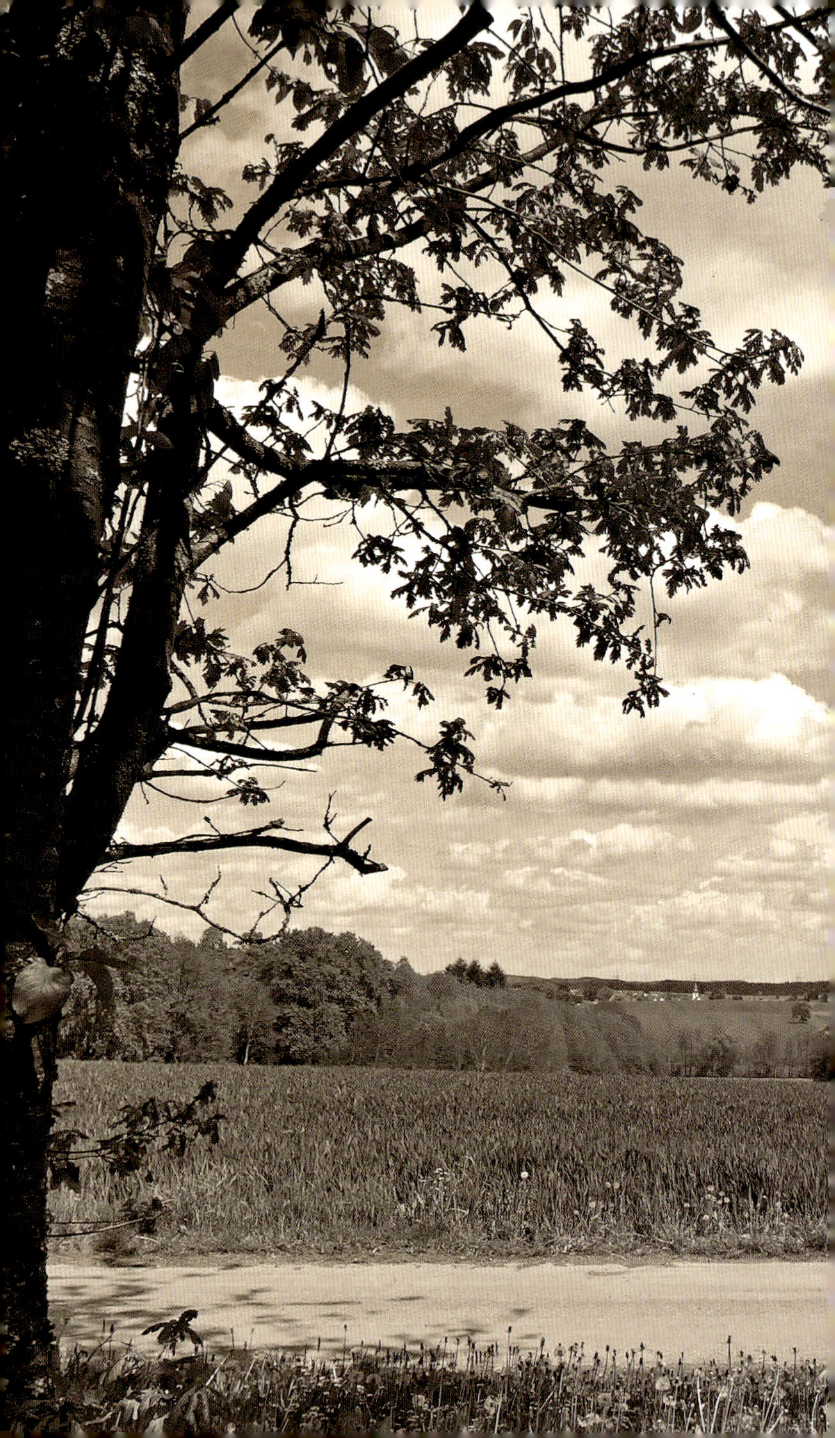

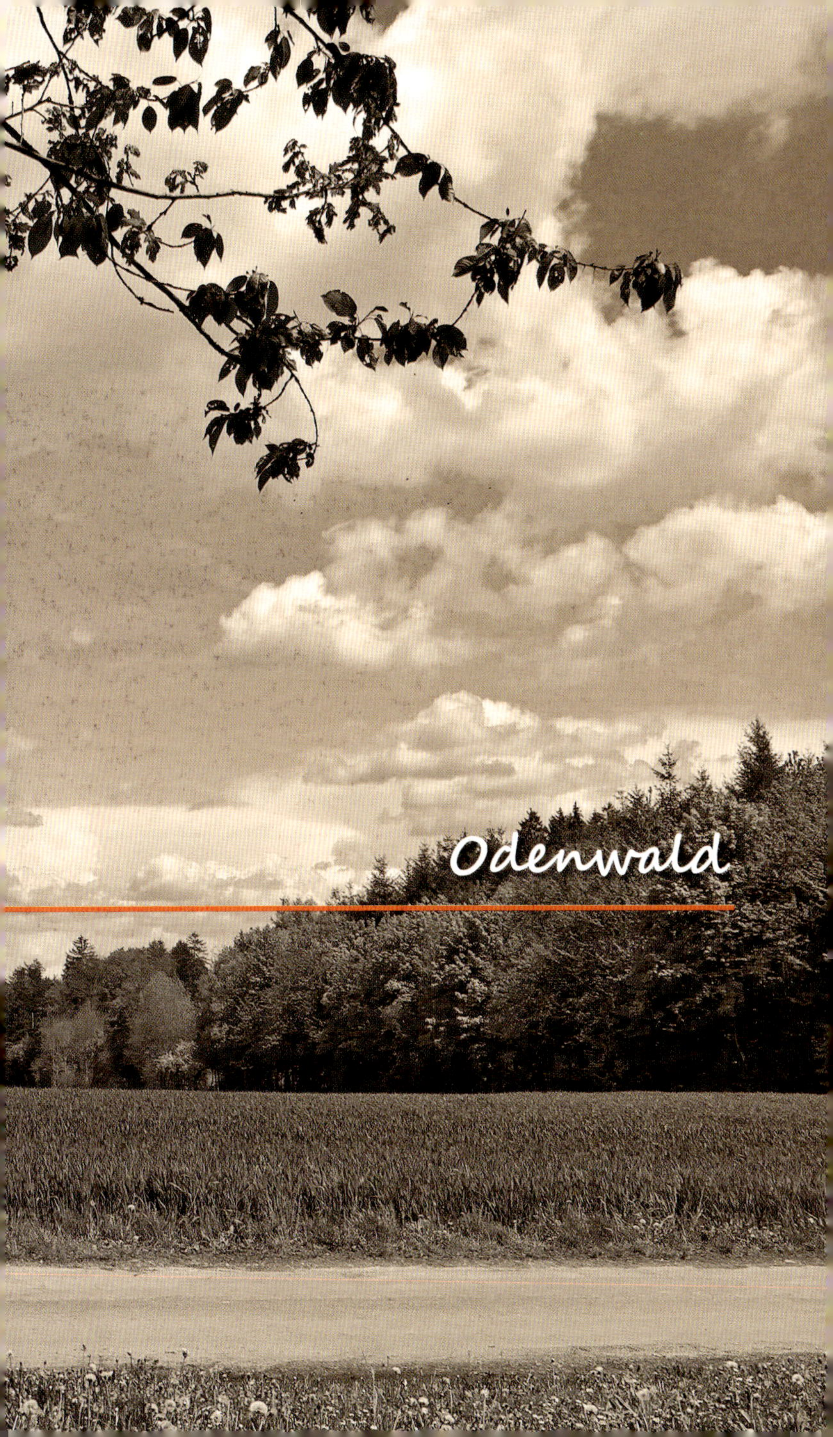
Odenwald

Eine Landschaft voller Gegensätze

In jeder Odenwald-Wanderung steckt eine Geschichte

Was macht es so reizvoll in einem Mittelgebirge wie dem Odenwald zu wandern, das auf den ersten Blick wenig Spektakuläres zu bieten hat? Mäßige Höhen, die im Katzenbuckel mit 626 m gipfeln, ausgedehnte Wälder und Felder, Täler und tief eingeschnittene Klingen, Städte und Dörfer sowie zahlreiche große und kleine Gewässer prägen das Bild dieser Landschaft.

Zunächst ist es ein Erlebnis der besonderen Art, Schritt für Schritt eine Gegend zu erkunden, die man zu kennen glaubt. Wir haben es als Geschenk empfunden, eine Landschaft vor der Haustür zu haben, die uns aufnimmt und mit jeder Wanderung mehr von sich preisgibt. Im Odenwald vereint sich viel Gegensätzliches, das dennoch ein harmonisches Ganzes bildet. Hier gibt es Schroffes und Liebliches, die Weite und das Enge, Begrenzte, das Dunkle, fast Unheimliche und das Freundliche, Einladende. Odenwald-Wanderungen sind also für alle, die mit wachen Sinnen unterwegs sind, immer für Überraschungen gut.

Und neben der Landschaft und ihren Naturräumen ist es auch die Geschichte dieses Raumes, die in ihren Bann zieht. So entdeckten wir auf unserer Mülbener Rundwanderung im Hohen Odenwald die Höhle, in der sich vermutlich der Räuber Hölzerlips und seine Kumpane versteckt hielten. Und die Reste von untergegangenen Dörfern erzählten uns die Geschichte von bitterer Armut, die Odenwald-Be-

Vielfältige Landschaftsbilder beim Odenwaldwandern

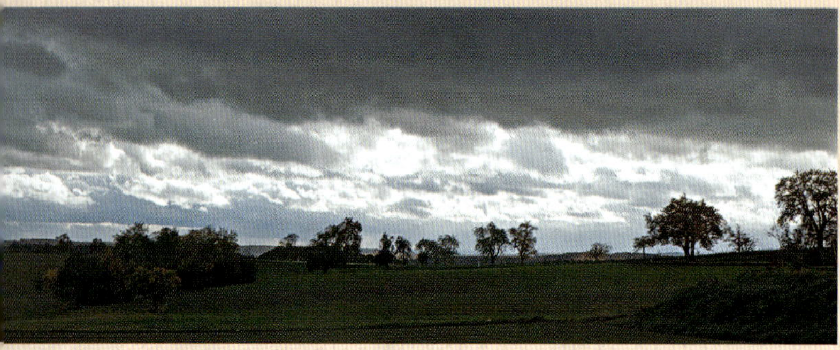

wohner hier erleiden mussten und sie zur Auswanderung zwang. Auf unserer Heidersbacher Tour stießen wir auf einen Erwerbszweig, der bis in 19. Jahrhundert von Bedeutung war: das Mühlenhandwerk. Unzählige Mühlen klapperten einst an Bächen und Flüsschen, wie Öl-, Papier-, Pulver- und Sägemühlen. Meist jedoch waren Getreidemühlen in Betrieb für die Verarbeitung von Roggen, Weizen, Gerste oder Buchweizen. Die Limbacher und die Heidersbacher Mühle sind hierfür schöne Beispiele. Die Mahlsteine drehen sich zwar nicht mehr, dafür werden leckere Mahlzeiten aufgetischt. Und in einem geschichtsträchtigen Raum wie dem Odenwald dürfen natürlich auch die Römer nicht fehlen. Auf ihren Spuren wandelten wir auf unserer Neckarburken-Wanderung. Hier verweilten wir an den Standorten zweier Wachttürme und malten uns aus, wie römische Legionäre ins Land blickten und nach feindseligen Attacken der Germanen Ausschau hielten.

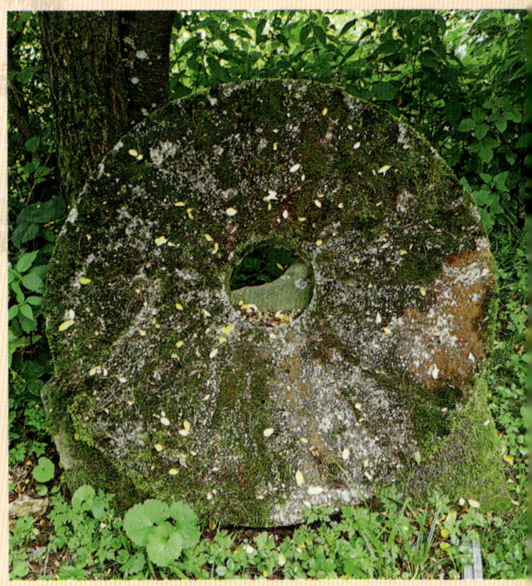

Alter Mühlstein am Wegrand

Mit ganz anderen Problemen schlugen sich die Gläubigen in Trienz, Fahrenbach und Lohrbach ab dem 16. Jahrhundert herum. Sie mussten quasi ihrem Glauben hinterherlaufen, denn je nachdem welche Konfession gerade »verordnet« wurde, konnte eine katholische Kirche plötzlich evangelisch sein oder umgekehrt. Der alte Kirchenpfad mit dem schönen steinernen Steg zeugt heute noch von den wandernden Kirchgängern. Wieder ein schönes Beispiel dafür, dass in fast jeder Odenwald-Wanderung auch eine Geschichte steckt.

Am weitesten von Mosbach weg führte uns der Ausflug in den hessischen Odenwald nach Beerfelden. Mit zwei sehr gegensätzlichen Attraktionen sieht sich der Wanderer hier konfrontiert: dem schönen blumengeschmückten Zwölf-Röhren-Brunnen in der Stadtmitte und dem Galgen mit dem harmlosen Zusatz »dreischläfrig« außerhalb der

Stadt. Der Brunnen mit dem lebendig sprudelnden Wasser der Mümlingquelle versorgte einst die Beerfeldener mit dem kostbaren Nass, während draußen vor den Toren der Stadt das letzte Stündlein der Delinquenten geschlagen hatte. Froh darüber, dass die Zeiten der strengen Gerichtsbarkeit vorbei sind, setzten wir unseren Weg fort in Richtung Gammelsbach durch den idyllischen Weiler Leonhardshof mit den Überresten der Leonhardskapelle – ein Anziehungspunkt für Wallfahrer im 15. Jahrhundert. Schlusspunkt der Tour war dann die Burgruine Freienstein in Gammelsbach.

Wer einfach nur Freude an schönen Naturerlebnissen hat, ist im Odenwald ebenfalls richtig. In früheren Zeiten ein unzugängliches Waldgebiet, ist er heute ein Wanderparadies mit gut ausgeschilderten Wanderwegen, Naturlehrpfaden und Themenwegen. Aber auch für ausgedehnte Radtouren, Kanufahrten oder sportliches Gehen mit Nordic-Walking-Stöcken findet man hier ideale Bedingungen. Wir erlebten den Odenwald in all seiner Vielfalt zu jeder Jahreszeit: Im Hohen Odenwald stapften wir durch den tief verschneiten Bergwald, der uns wie ein verzauberter Märchenwald vorkam. Und auch das Naturschutzgebiet Dallauer Tal bei Elztal hatte trotz dichter Schneedecke seinen ganz eigenen Reiz. Ganz anders dann die sommerliche Wanderung durch das Naturschutzgebiet Heppenstein bei Neckarburken. Sattgrünes Gras, durchsetzt mit Orchideen, umspielte die Bäume des lichten Kiefernwaldes und wir fühlten uns in nordische Gefilde nach Norwegen oder Finnland versetzt.

Im heimeligen Trienzbachtal bot sich dann wieder ein anderes Bild: Hier ist der Trienzbach das beherrschende Element, dem wir auf seinem geschlängelten Verlauf folgen. Der Bach, der sich in Dallau in die Elz ergießt, hat auf beiden Seiten viel Schönes zu bieten: Kneippanlage, Lourdesgrotte, Steinkreis und seltsame Waldgeister sorgen auf dieser Tour für Abwechslung. Nicht immer geht es so gemütlich zu wie bei den Wanderungen in den Talauen. Mit kleinen Klettereien müssen Höhenunterschiede bewältigt werden, die sich jedoch dank spektakulärer Aussichten lohnen. Auf unserer Tour von Weisbach nach Neckargerach entdeckten wir den wildromantischen Felsenpfad, der uns durch Steinquader und Geröll »eine Etage« höher führte zu einem breiten bequemen Forstweg.

Wer im Odenwald auf Steinbrüche, Felsenmeere oder Pflanzen- und Tierabdrücke in Gesteinen stößt, wird unmittelbar auch mit der Erdgeschichte dieser Landschaft konfrontiert. Vor Millionen von Jahren wurde das Erscheinungsbild des Naturraums, wie wir ihn heute kennen, geformt. Der westliche Odenwald mit seinen Bergkuppen ist von kristallinem Gestein geprägt, der östliche von den Ebenen und Hochflächen des Buntsandsteins, und im Südosten schließen sich die sanften Hügellandschaften des von Muschelkalk geprägten Baulandes an. Auch für nicht an Geologie Interessierte werden die landschaftlichen Unterschiede deutlich, wenn man sie vor Augen hat, zum Beispiel im Naturschutzgebiet am Schreckberg oder bei den rot leuchtenden Sandsteinformationen unterhalb der Teufelskanzel bei Eberbach. Für Erhalt und Pflege dieser vielfältigen Landschaft sorgen der Geo-Naturpark Bergstraße-Odenwald – ausgezeichnet als UNESCO Global Geopark – und der Naturpark Neckartal-Odenwald.

Auf unseren Touren rund um Mosbach haben wir nur einen Teil des Odenwaldes erkundet, der jedoch die Vielfältigkeit der gesamten Landschaft im Kleinen widerspiegelt. Sich auf den Weg zu machen lohnt sich auf alle Fälle, denn es gibt nichts Schöneres, als das zu entdecken, was man vermeintlich schon kennt, weil es so nah ist.

Bequemes Wandern auf breiten Forstwegen

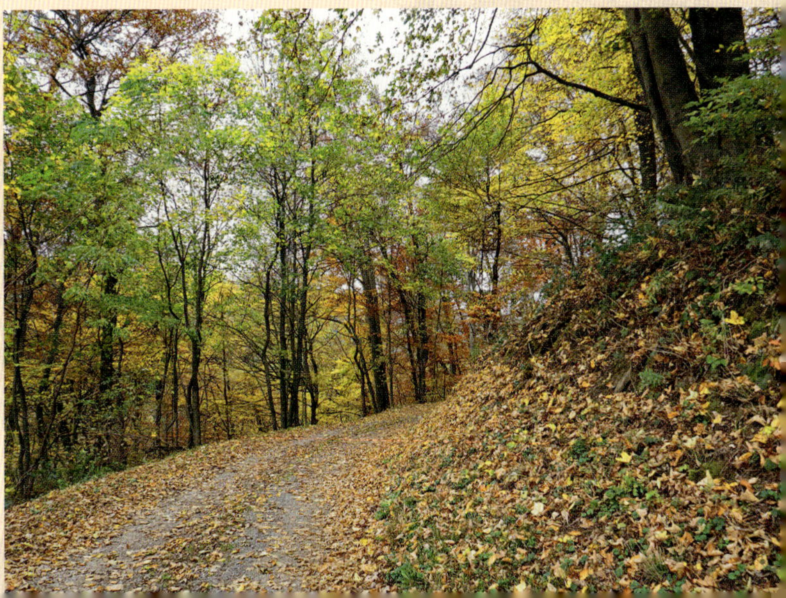

Vom Römer-Wachturm in die Orchideenwiese

5

Rundweg von Neckarburken über den Limesweg ins Naturschutzgebiet Heppenstein

3½ Std.
7,3 km
120 m

Neckarburken – Limesweg – Römische Wachtürme – Naturschutzgebiet Heppenstein – Neckarburken

Dallau

Eine fast magische Landschaft zieht uns hier in den Bann: Das Naturschutzgebiet Heppenstein oberhalb von Neckarburken mit seinem lichten Kiefernwald umspielt von einer Orchideenwiese. Interessanter Gegensatz dazu: Wuchtiges Quadergestein im Boden – Überreste römischer Wachtposten, die hier einst den Odenwaldlimes bewachten. Eine Wanderung für Geschichtsinteressierte und Naturliebhaber.

Die S-Bahn bringt uns von Mosbach nach **Neckarburken** 1, wo wir die Bahngleise überqueren und mit dem grünen »L« (Limesweg) und »1« nach oben laufen. Wir kommen an Feldern vorbei, biegen zweimal nach rechts ab, bis uns der Limesweg nach kurzer Zeit nach links auf einen schmalen Pfad führt. Hier wandeln wir auf römischen Spuren, denn links von uns erhob sich einst der **Wachtposten »Schäbige Hecke«** 2. Die Eckpunkte des 5,5×5,5 m großen Fundaments des Turmes sind noch zu sehen. Hier wird

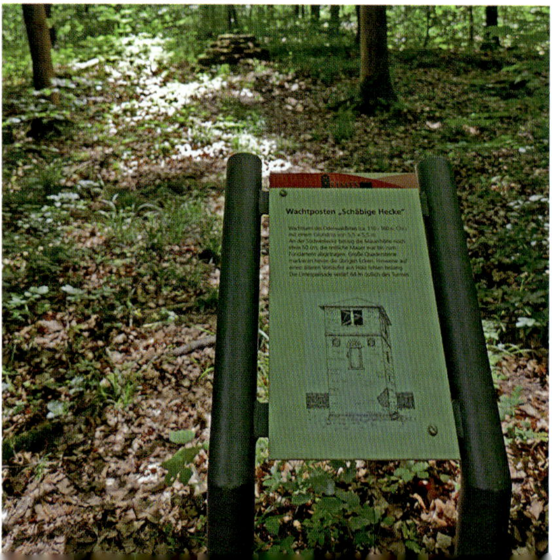

Die Überreste des römischen Wachturms liegen heute mitten im Wald.

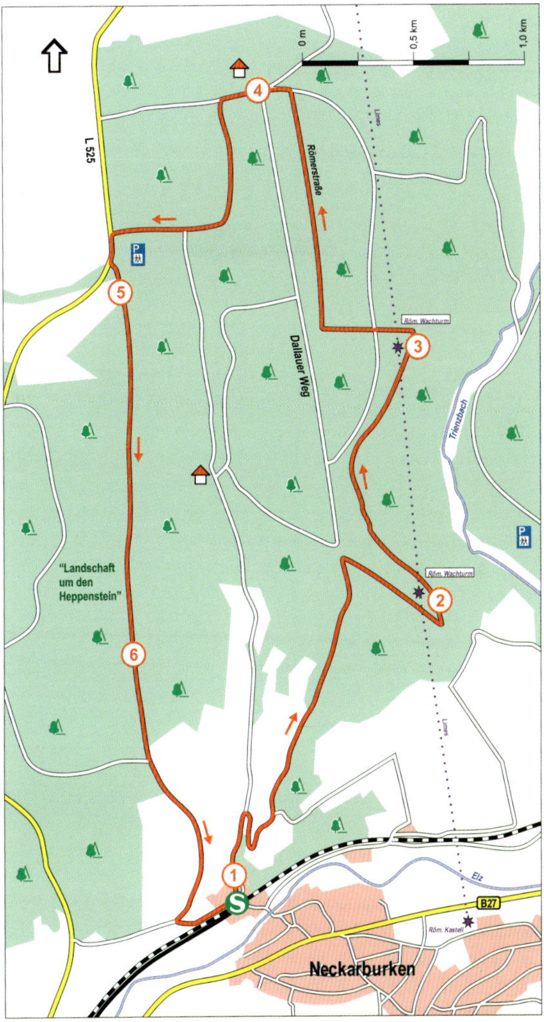

INFOS

Wander- und Radwanderkarte 18: Südlicher Odenwald, Bauland, 1:20 000

GPS 49.378119/ 9.171957

S-Bahn: Mosbach – Neckarburken – Mosbach

Alternative zu Fuß: Neckarburken – Elzweg – Mosbach

Geschichte lebendig, auch wenn sie schon über 2000 Jahre zurückliegt. Über eine Informationstafel erfahren wir weitere Details.

Beim nächsten **Wachtposten »Im Schlag 8«** 3 begnügen wir uns mit dem Hinweisschild, trotz Geländeerkundung ist hier nichts weiter zu sehen. Dafür erfreut uns am rechten Wegrand prächtig rot blühender Fingerhut – hochgiftig und wunderschön! Wir überqueren nun einen breiten Waldweg

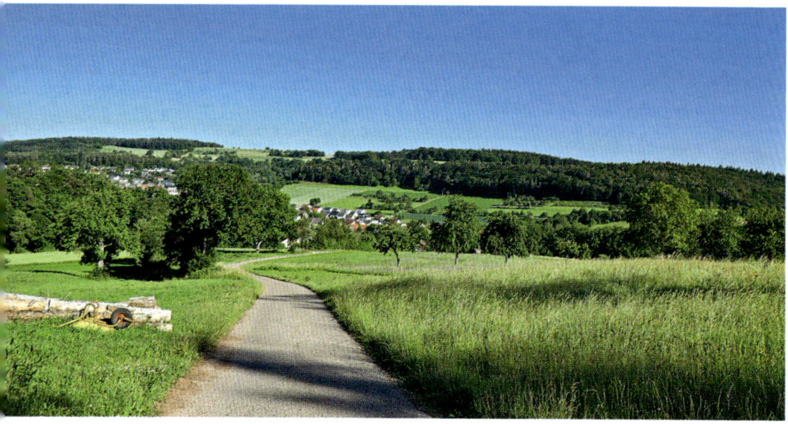

Vom Heppenstein abwärts nach Neckarburken

und setzen unseren Weg auf weiterhin schmalem Pfad fort. Unser Limesweg stößt nun auf den Erlenteichweg. Hier verlassen wir »L« und wenden uns nach links, bis wir zu einem **Holzpavillon** 4 gelangen, an dem wir nicht vorbeikommen, denn eine gemütliche Sitzgruppe lädt zur Rast ein.

Naturschutzgebiet »Landschaft um den Heppenstein«

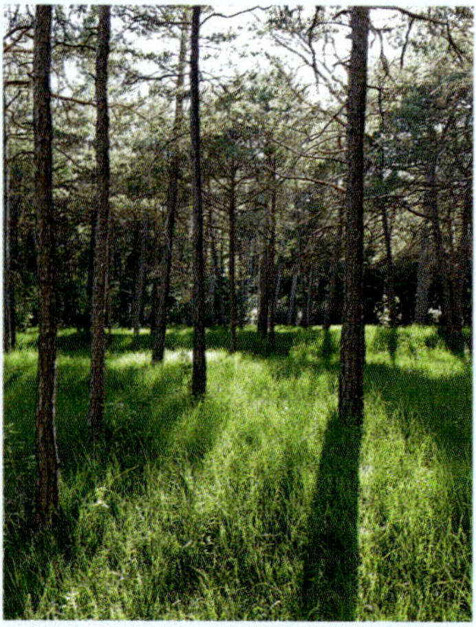

Im lichten Kiefernwald finden Orchideen ideale Bedingungen.

Von den 66 Orchideenarten, die es in Deutschland gibt, kommen 24 Arten im Naturpark Neckartal-Odenwald vor. Hauptblütezeit der Blumen ist im Mai und Juni. Ihre Blüten sind nicht so groß wie die ihrer tropischen Verwandten. Und sie brauchen auch andere Bedingungen. Für ihre Keimung benötigen sie einen Wurzelpilz, der ihnen die nötigen Nährstoffe und Wasser zukommen lässt. Im Naturschutzgebiet »Heppenstein« ist für Bienenragwurz, Waldhyazinthe und Bocksriemenzunge etc. ausreichend gesorgt. Orchideen sind übrigens streng geschützt und dürfen nicht gepflückt, beschädigt oder gar ausgegraben werden.

Gestärkt setzen wir die Wanderung fort auf dem Eichelwiesenweg in Richtung Straße. Bei nächster Gelegenheit biegen wir nach links ab und dann wieder nach rechts bis zur Straße, die wir nach links ein Stück entlang laufen bis zum Parkplatz »Bürgerwald« 5 (ohne Markierung). Wir überqueren den Parkplatz und gehen geradeaus weiter am Waldrand entlang. Im Wald folgen wir zunächst den Markierungen »1, 2 und 3«. Wir kommen an eine Kreuzung, wo sich die Wege trennen, und folgen nun »1« geradeaus weiter.

Hier erleben wir nun rechterhand den luftigen **Kiefernwald** 6, der sich aus einer Wiese erhebt, wo sich **seltene Orchideen** heimisch fühlen. Wer nun die typischen Zimmerorchideen von der Fensterbank erwartet, wird enttäuscht. Diese Orchideen sind mit ihren kleinen Blüten meist unscheinbar. Auch blühen sie nicht alle gleichzeitig, so dass die Vorstellung eines bunten Blütenteppichs eine Illusion ist. Wir entdecken die Waldhyazinthe und genießen die besondere Atmosphäre dieses beeindruckenden Biotops. Der Weg führt uns nun aus dem Wald hinaus wieder zurück nach Neckarburken zur Bahnstation.

Links: Waldhyazinthe

Rechts: Blütenzauber am Heppenstein

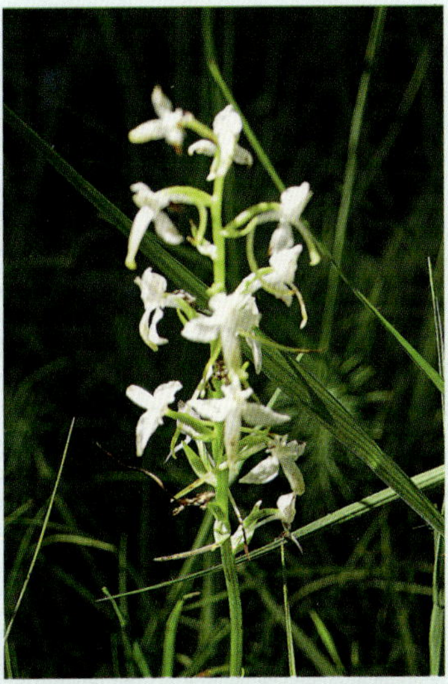

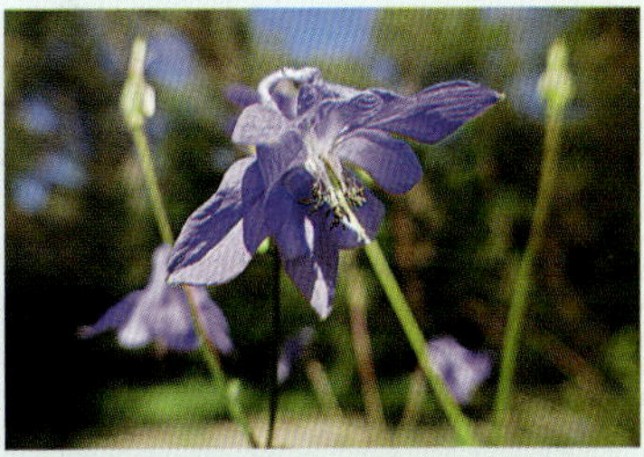

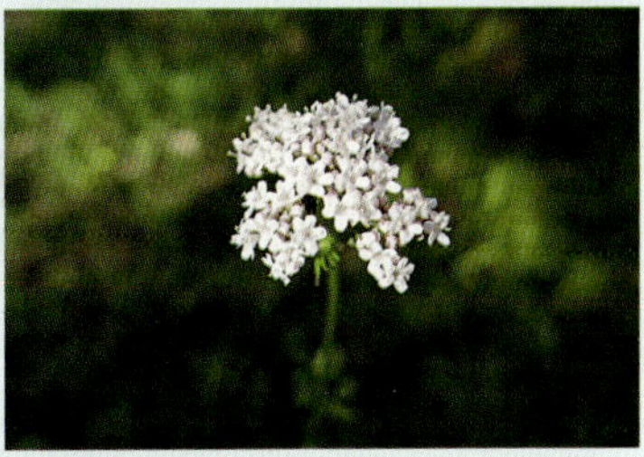

Wanderung mit Waldgeistern 6

Rundtour im Trienzbachtal mit Überraschungen

4 Std.
12 km
110 m

Dallau – Trienzbachtal – Lourdesgrotte – Steinkreis – Mariental – Dallau

Dallau

Steinkreis, Lourdesgrotte und etliche Waldgeister machen diese Wanderung zu einem magisch-mystischen Erlebnis, und wer die Augen offenhält, wird noch weitere Entdeckungen am Wegrand machen.

Die S-Bahn bringt uns von Mosbach nach Dallau, wo wir vom Bahnhof 1 aus starten. Wir verlassen die S-Bahn-Station, gehen nach rechts über »Linker Weiler« durch die Unterführung und danach links ein Stück die Marientalstraße entlang. An der Abzweigung **»Im Mariental«** 2 halten wir uns rechts und laufen dann geradeaus in den Wald hinein. Wir folgen den etwas verblassten Markierungen »3« und »4«. Am Parkplatz Herrlich Au 3 vorbei laufen wir durch den Krähwald oberhalb des Trienzbaches. Wenn man sich hier etwas beobachtet fühlt, hat das einen Grund: Manche Bäume und Wurzeln haben sich durch bunt gestaltete Baummasken in Waldgeister verwandelt. Ein Spiel für Kinder, wer wohl als erster den nächsten Waldgeist entdeckt. Ein auf den Kopf stehender Baum – das Wurzelino – streckt seine Wurzeln in die Luft und ist mit allerlei Spiel-

Sonderbare Waldgeister säumen den Weg.

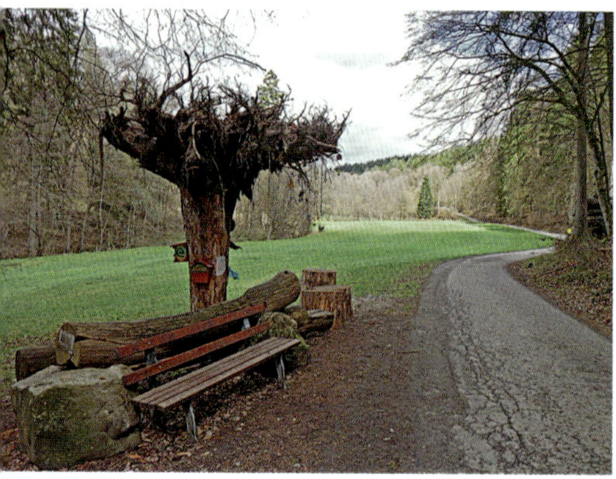

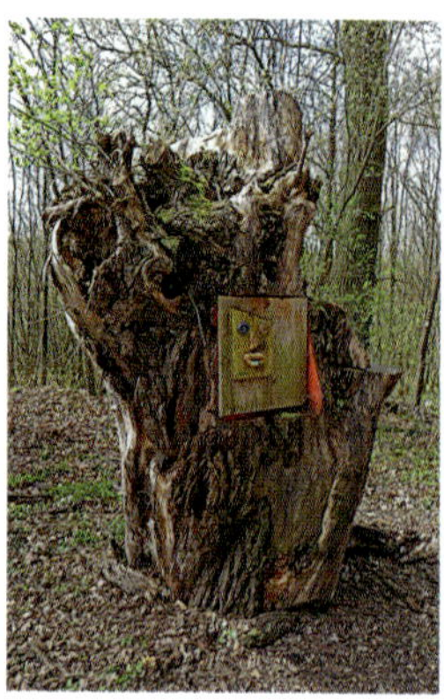

zeug behängt. Für den kreativen Spaß am Wegesrand hat der Dallauer Waldkindergarten gesorgt.

Wir machen einen kleinen Abstecher nach links und folgen dem Schild zur **Lourdesgrotte ❹.** Die kleine Kapelle, geschmückt mit allerlei Zeichen der Marienverehrung, ist wunderschön am Trienzbach gelegen. Für Kinder findet sich hier ein herrliches Plätzchen zum Plantschen und Spielen, Sitzgelegenheiten laden zur Rast ein. Wir gehen wieder zurück auf unseren Wanderweg, bleiben rechts vom Trienzbach und folgen dem Weg weiter immer geradeaus an der **Kneipp-Anlage** und der oberhalb gelegenen **Herrlich-Au-Hütte** ❺ vorbei. Wer Lust hat, kann natürlich auch ein Päuschen einlegen in der hübschen kleinen Anlage.

Wir verlassen nun die Markierung »3« und laufen auf dem **Viersteineweg** ohne Markierung immer geradeaus, bis wir zur Muckentaler Straße ❻ gelangen. Hier biegen wir nach links ab, gehen ein Stück die Straße entlang, überqueren die **Trienzbrücke** ❼ und biegen danach gleich wieder mit »S2« nach links ins Tal ab. Hier heißt es aufpassen: Die Markierung »S2« an einem Baum rechts der Straße kann leicht übersehen werden.

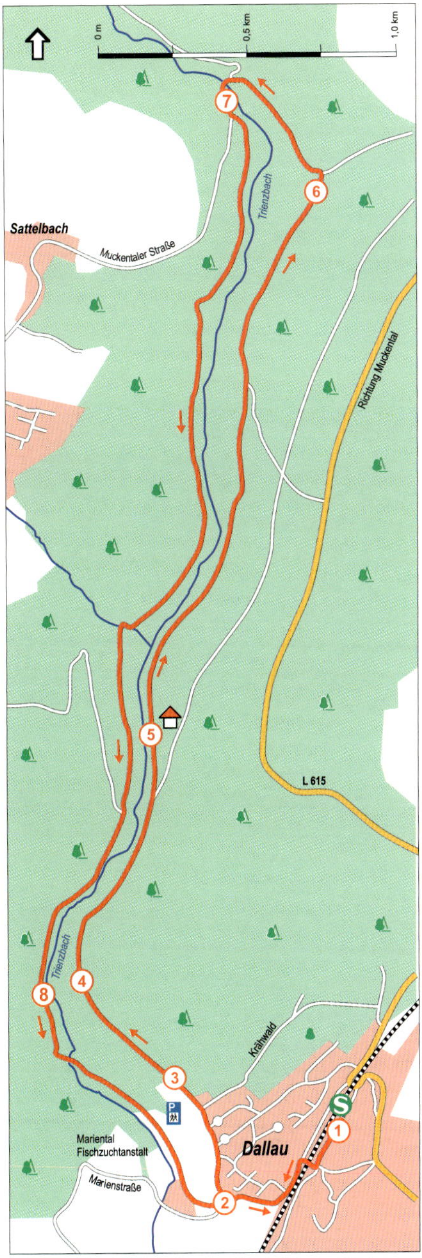

Lourdesgrotte

Die Lourdesgrotte in Dallau wurde 1967 am Trienzbach errichtet, 50 Jahre nach den Erscheinungen von Fatima. Dem Glauben nach erschien Maria dort von Mai bis Oktober 1917. Lourdesgrotten sind Nachbildungen der Grotte bei Lourdes in Südfrankreich, wo das Mädchen Bernadette erstmals von ihrer Begegnung mit der Muttergottes berichtete.

Nun wird's richtig schön romantisch, und wir genießen das idyllische **Trienzbachtal** – der Bach schlängelt sich nun links von uns. Bei der nächsten Gabelung verlassen wir »S2« und laufen in Richtung Bach (ohne Markierung). Wieder

Weit öffnet sich das Trienzbachtal.

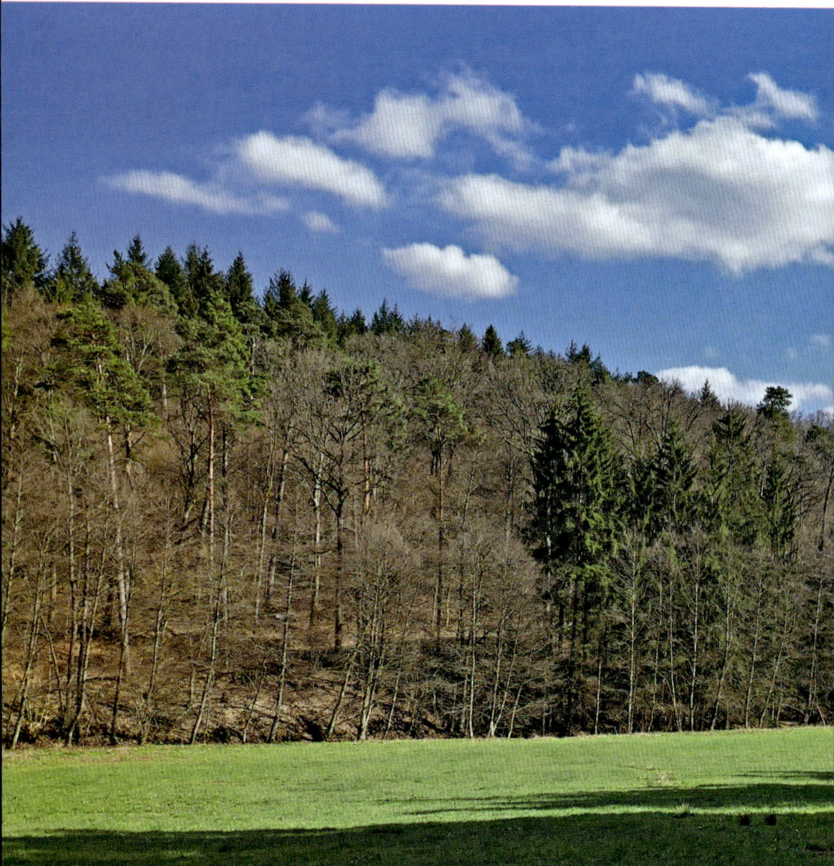

gabelt sich der Weg, wir gehen rechts und überqueren kurz darauf links eine kleine Brücke über einen Zufluss zum Trienzbach. Der Weg ist nun mit der gelben »3« markiert, diesem folgen wir ein Stück. In Höhe der Kneippanlage führt er über den Bach, wir bleiben jedoch auf unserer Seite und laufen zunächst ohne Markierung weiter. Es wird nicht langweilig: Auf einem Baum »wachsen« Gummistiefel und ein Barfußpfad lädt zum achtsamen Gehen. Dann eine weitere Überraschung: Ein **Kreis mit neun Steinfiguren** 8, die ein wenig an aztekische Göttermonumente erinnern. Auf einer Geopunkttafel erfahren wir, dass es sich um einen Kreis des Dankes an das Wasser handelt. Und das mitten im Trienzbachtal! Ein Stück nach dem Steinkreis überque-

INFOS

Wander- und Radwanderkarte 18: Südl. Odenwald, Bauland, 1:20 000

GPS 49.387776/ 9.187962

S-Bahn: Mosbach – Dallau

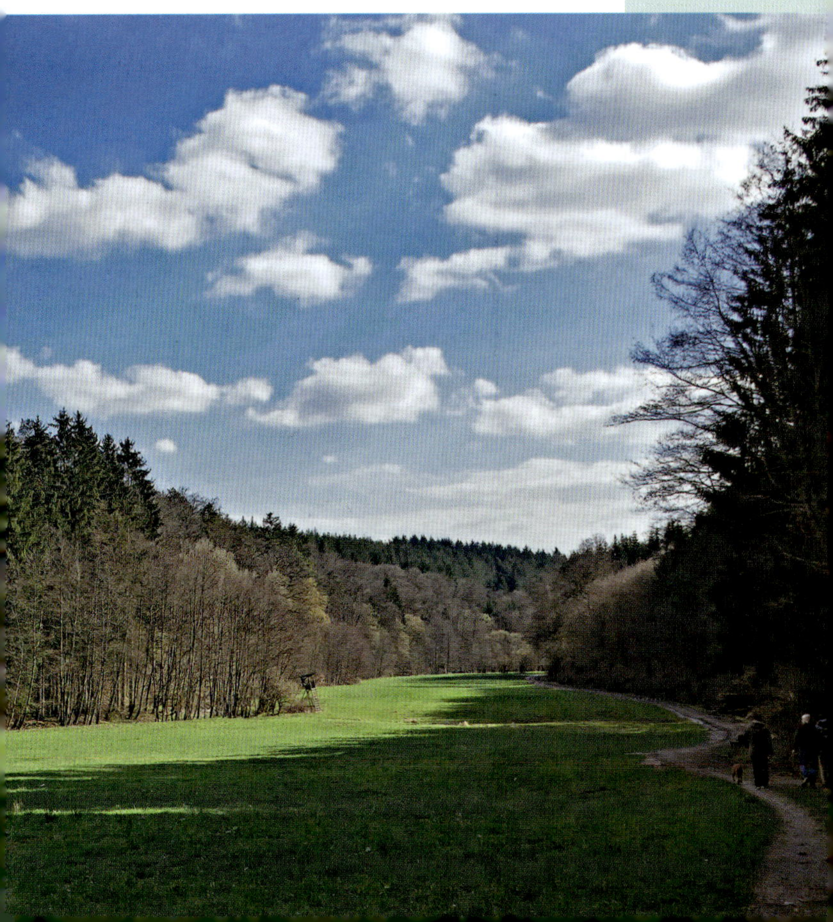

Urtümliche Landschaft im Mariental

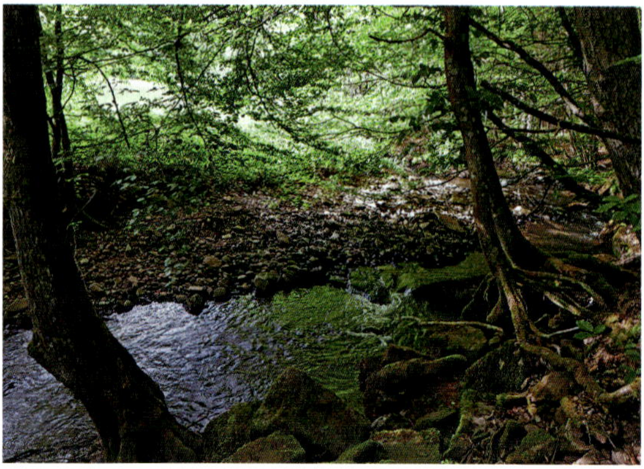

ren wir mit der Markierung »4« den Bach und laufen durchs nicht minder hübsche **Mariental**, vorbei an der Fischzuchtanlage mit dem schönen Herrenhaus zurück nach Dallau zum Bahnhof.

Steinkreis

Dem Wasser danken? Keine Frage für die Bildhauerin Eva-Gesine Wegner, auf deren Initiative der Steinkreis im Trienzbachtal entstanden ist. Am Beispiel Wasser möchte sie zeigen, wie wichtig die Balance von Geben und Nehmen für das Leben auf der Erde ist. Der Steinkreis bei Dallau ist Teil des Pilgerweges »Quellendank im Odenwald«. Die künstlerisch gestalteten »Steine des Dankes« sind in einem Workshop unter Anleitung von Eva-Gesine Wegner mit Teilnehmerinnen vor Ort aus heimischem Buntsandstein entstanden. Die jeweiligen Gemeinden und der Geo-Naturpark Bergstraße-Odenwald unterstützen das Projekt »Quellendank«.

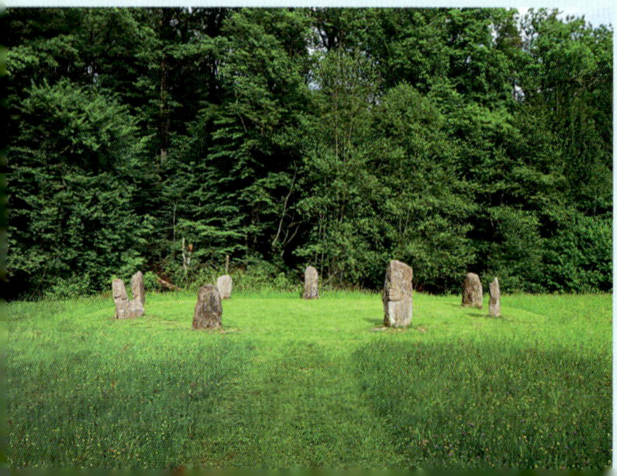

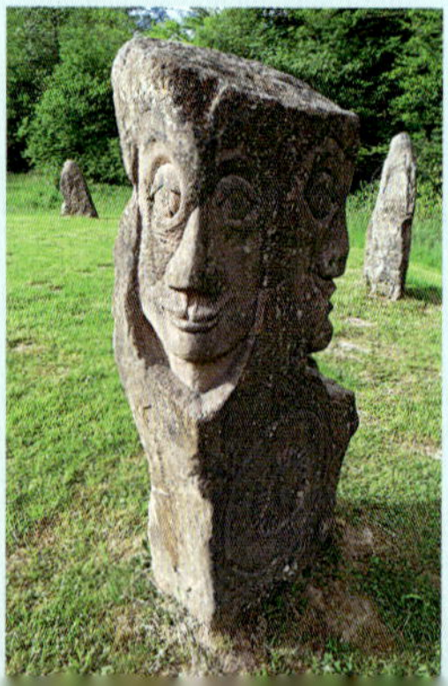

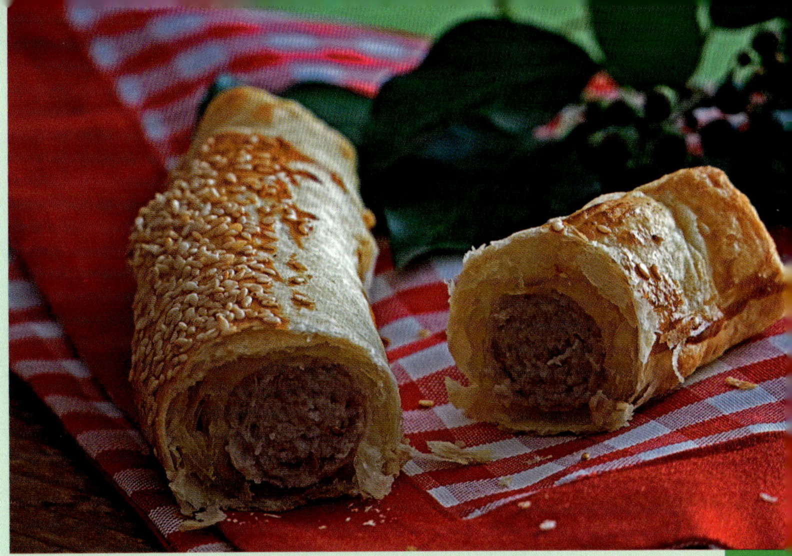

Würstchen im Schlafrock

4 PORTIONEN

1 Pck. Blätterteig (gekühlt)
8 Bratwürste
2 TL körniger Senf
1 Ei
etwas Sesam zum Bestreuen

Backofen auf 200° vorheizen. Blätterteig ausrollen und in 8 Streifen schneiden. Die Mitte der Streifen mit Senf bestreichen. Die Wursthaut von den Bratwürsten entfernen und sie dann auf die Streifen legen. Die Teigränder mit etwas Wasser anfeuchten, über die Wurstfüllung klappen und fest andrücken. Die Röllchen mit verquirltem Ei bestreichen und mit Sesam bestreuen. Im Backofen 20–25 Minuten backen.

Stimmungsvolle Berg- und Talwanderung

7

Durchs Naturschutzgebiet »Dallauer Tal« mit wunderbaren Ausblicken

3 Std.
9 km
130 m

Auerbach – Naturschutzgebiet Dallauer Tal – Hohberg – Dallau – Auerbach

Dallau

Diese schöne Berg- und Talwanderung führt uns ins Natur- und Landschaftsschutzgebiet »Dallauer Tal« und schenkt uns wunderbare Ausblicke. Wir machen uns an einem schneereichen Wintertag auf den Weg und stellen fest, dass auch eine knackig-kalte Winterwanderung durchaus ihre Reize hat.

Wir starten am Mosbacher Bahnhof mit der S-Bahn nach **Auerbach** 1, wo unsere Wanderung beginnt. Vom Bahnhof kommend, überqueren wir die Brücke über den Auerbach, gehen am Kindergarten vorbei und biegen nach rechts in die Untere Gasse zur Bundesstraße ein. Dort halten wir uns weiter rechts, überqueren die Ampel und folgen dem Billigheimer Weg nach oben.

Mit der Markierung »D 2« erreichen wir das **Naturschutzgebiet Dallauer Tal**, das wir an diesem frostigen Wintertag tief verschneit erleben. Auf botanische Schönheiten wie die hier wachsenden Orchideen müssen wir verzichten, aber

Blick auf das verschneite Auerbach

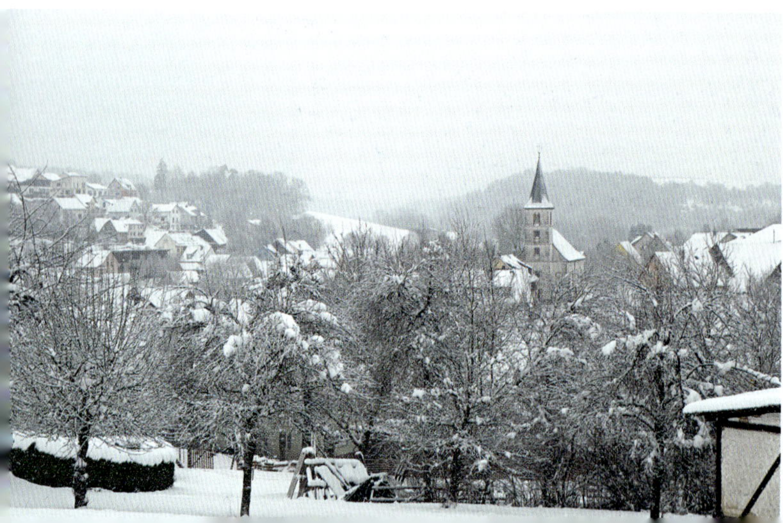

Naturschutzgebiet »Dallauer Tal«

Das Naturschutzgebiet »Dallauer Tal« ist einem Strukturwandel zu verdanken. Wo einst Acker- und Weinbau betrieben wurden, entstanden im Laufe der Zeit Magerrasen, Wiesen, Obstgärten und Hecken. Ein idealer Lebensraum für Tiere und Pflanzen aller Art. Hier brütet neben zahlreichen weiteren Vogelarten z. B. der Neuntöter, die unterschiedlichsten Orchideenarten gedeihen an den sonnigen Kalkhängen und auch Heuschrecken und Schmetterlinge sind Ausdruck der großen Artenvielfalt im »Dallauer Tal«.

auch unter der Schneedecke zeigt sich die Vielfältigkeit der Landschaft geprägt von Obstbaumwiesen, Äckern, Hecken und Mischwald. Nach einem landwirtschaftlichen Anwesen erreichen wir eine Wegkreuzung 2 und biegen nach rechts ab weiter auf »D 2«, bis wir auf die Markierung »V« stoßen, die uns nach rechts über den **Hohberg** 3 führt. Das gesamte Naturschutzgebiet liegt uns hier zu Füßen. Wir genießen die Weite und Stille. Der Weg führt nun geradeaus steil nach unten, dort angekommen geht es mit »V« links

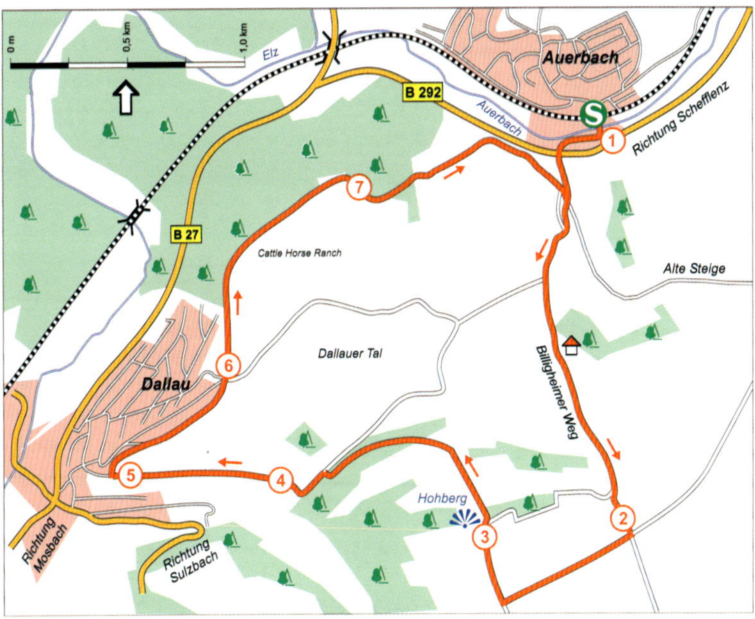

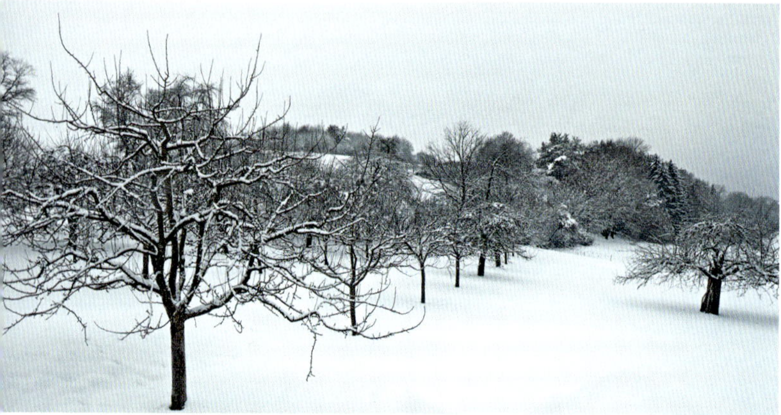

Bei Winterwanderungen kann man leicht vom rechten Weg abkommen.

weiter durch einen Wald Richtung Dallau. Hier heißt es aufpassen, um nicht die Markierung »D 1« 4 an einem Baum linkerhand zu übersehen. Ihr folgen wir nach rechts oben ins Dallauer Wohngebiet. Kurz vor der Kreuzung Große Kappel/Weinbergweg 5 nehmen wir den steilen Weg nach oben, erreichen den Auerbacher Weg, gehen nach rechts, kurz darauf auf »D 1/D 2« der Urnbergstraße aufwärts folgend. Am Ende dieses Weges überqueren wir die **Auerbacher Straße** 6 und setzen den Weg mit »D 1« fort. Dieser führt uns am Waldrand entlang und dann in den Wald. Dort wenden wir uns nach rechts in den Berlauweg 7 (»D 1«), der uns wieder nach Auerbach zurückführt. Am Ende des Weges biegen wir nach links ab Richtung Bundesstraße. Wir gehen nach rechts Richtung Ampel, überqueren diese und nehmen danach wieder links den Weg über die Untere Gasse Richtung Bahnhof.

INFOS

Wander- und Radwanderkarte 18: Südlicher Odenwald, Bauland, 1:20 000

GPS 49.399436/ 9.222958

S-Bahn: Bhf. Mosbach – Richtung Osterburken nach Auerbach

Stundentakt, Fahrtdauer ab Mosbach 9 Minuten

Bizarre Formen, vom Schnee gestaltet

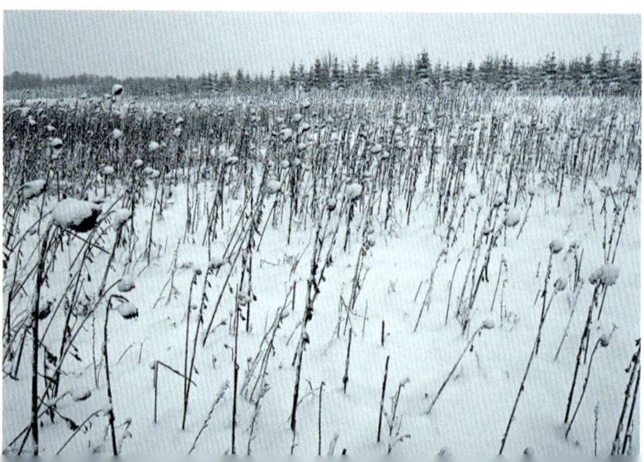

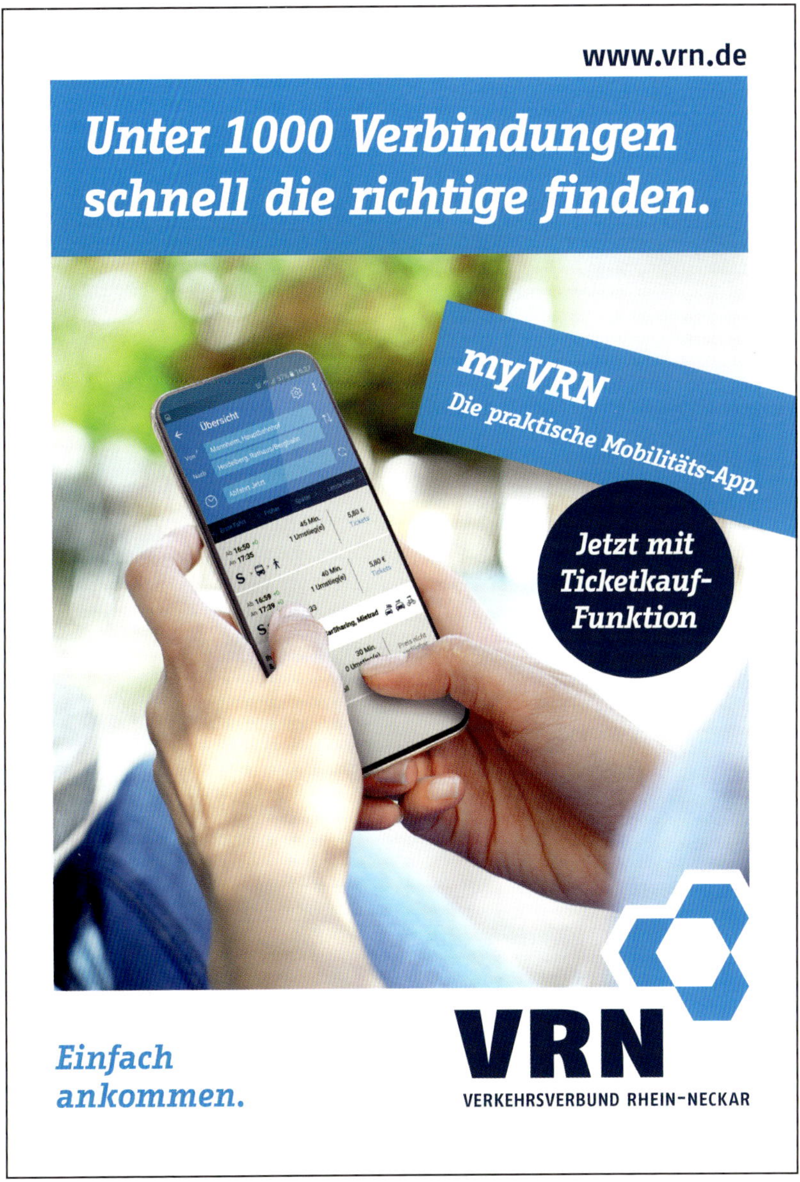
www.vrn.de
Unter 1000 Verbindungen schnell die richtige finden.
myVRN
Die praktische Mobilitäts-App.
Jetzt mit Ticketkauf-Funktion
Einfach ankommen.
VRN
VERKEHRSVERBUND RHEIN-NECKAR

Ländliche Idylle und ein Gruß von der Reichenau

8

Streckenwanderung von Oberschefflenz über Rittersbach nach Dallau

2½ Std.
8,9 km
140 m

Oberschefflenz – Hohes Kreuz – Rittersbach – Elztalweg – Dallau

Dallau

INFOS

Wander- und Radwanderkarte 18: Südlicher Odenwald, Bauland, 1:20000

GPS 49.416934/ 9.278654

S-Bahn: Mosbach – Oberschefflenz

Rückfahrt: Dallau – Mosbach

Genießertour mit herrlichem Landschaftspanorama

Felder, Wiesen, grasende Pferde, weite Blicke in die Landschaft: Wer einfach beschaulich vor sich hinwandern möchte, ist auf dieser Tour richtig. Besonders an einem schönen Maitag, wo alles grünt und blüht und die gelben Rapsfelder unter blauem Sommerhimmel leuchten.

Von Mosbach bringt uns die S-Bahn nach **Oberschefflenz** ❶. Wir überqueren die Bahngleise und stoßen kurz darauf an einem Laternenpfahl auf unsere Markierung »S1«, der wir nach links folgen. Wenig später führt uns das Zeichen nach rechts auf einen Feldweg. Der Ausdruck »liebliche Landschaft« klingt kitschig, hier passt er jedoch hin.

Wir laufen parallel zum Auebächlein, rechts von uns springt ein Reh davon, links von uns sind Gehöfte in die

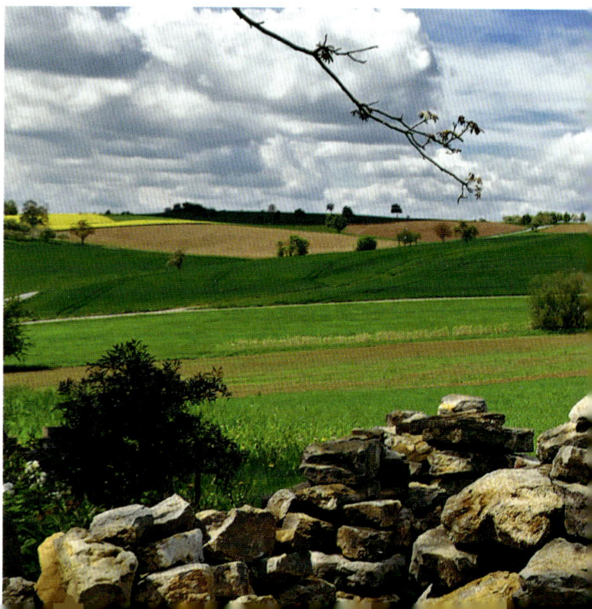

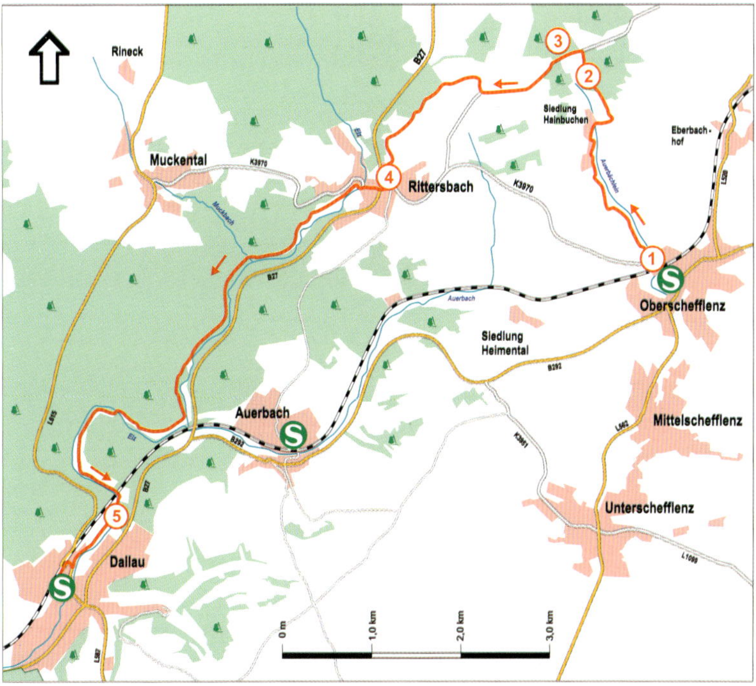
Rineck
Muckental
K3970
Rittersbach
B27
Muckbach
Siedlung
Hainbuchen
Eberbach-
hof
Oberschefflenz
Auerbach
Siedlung
Heimental
B292
Mittelschefflenz
Unterschefflenz
Dallau
Elz
0 m
1,0 km
2,0 km
3,0 km

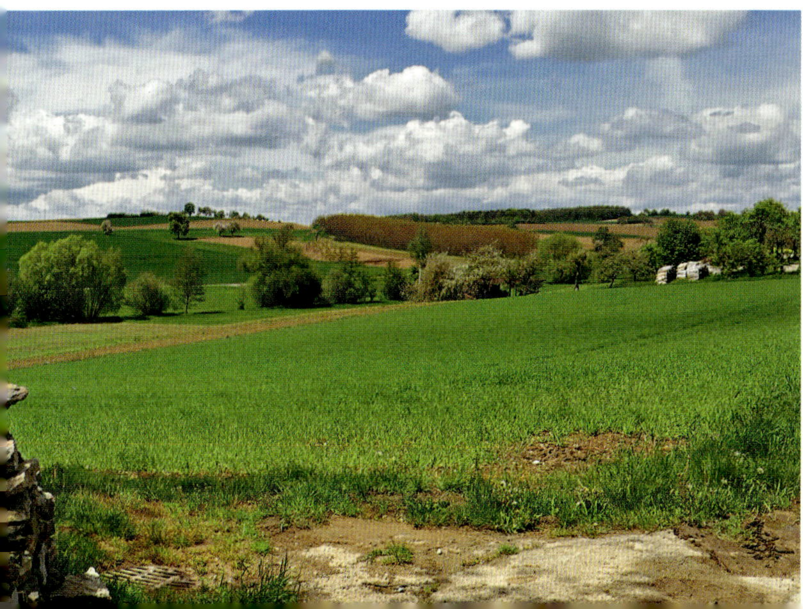

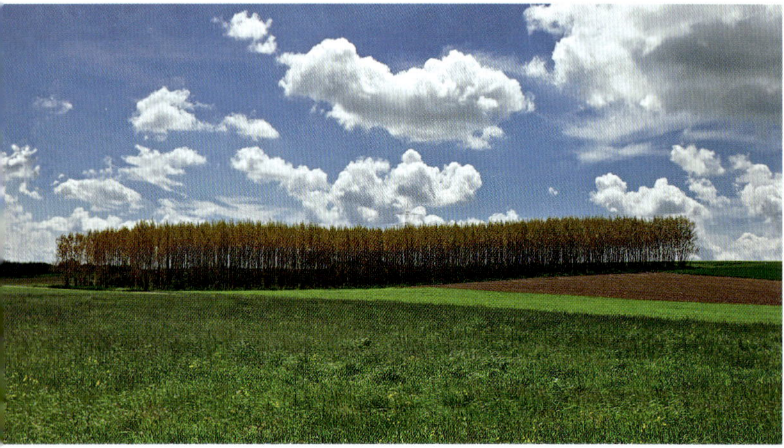

Ein Wäldchen erhebt sich aus der Feld- und Wiesenlandschaft.

Landschaft gestreut. An einer Kreuzung geht es wieder nach rechts an Höfen vorbei. Wir laufen geradeaus weiter, bis wir auf ein Anwesen stoßen, und auch hier zweigen wir nach rechts ab und müssen nun ein Stück ohne Markierung auskommen, bis sie am Ende des Weges wieder an einem Baum auftaucht. Nun geht's nach links ein Stück am Waldrand entlang.

Nach einiger Zeit kreuzen sich wieder die Wege, hier biegen wir nach links mit dem gelben »V« und »R3« 2 ab. Unmittelbar hinter der Kreuzung ragt ein imposantes Kreuz, das **»Hohe Kreuz«** 3, auf einem schönen Rastplatz in den

Hohes Kreuz

Das Hohe Kreuz erinnert an ein Missionskreuz, das in urchristlichen Zeiten hier errichtet wurde. Es wurde vom Verein »Großeicholzheim und seine Geschichte« 2007 im Rahmen eines ökumenischen Gottesdienstes an der gleichen Stelle aufgestellt, um »an die beständige Botschaft des Kreuzes« zu erinnern, wie es auf der Informationstafel heißt. Gläubige beider Konfessionen treffen sich hier regelmäßig zu gemeinsamen Gottesdiensten unter freiem Himmel.

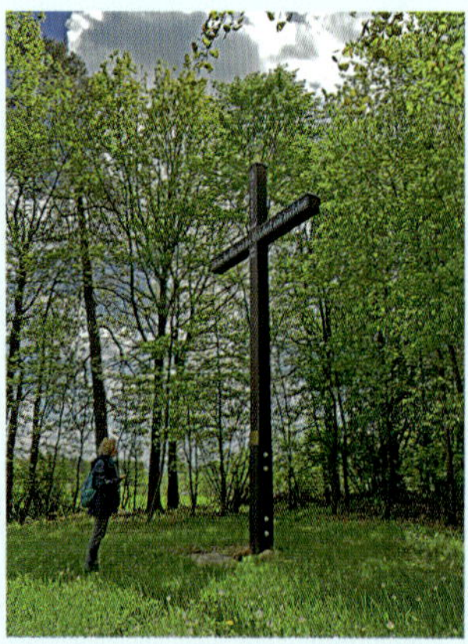

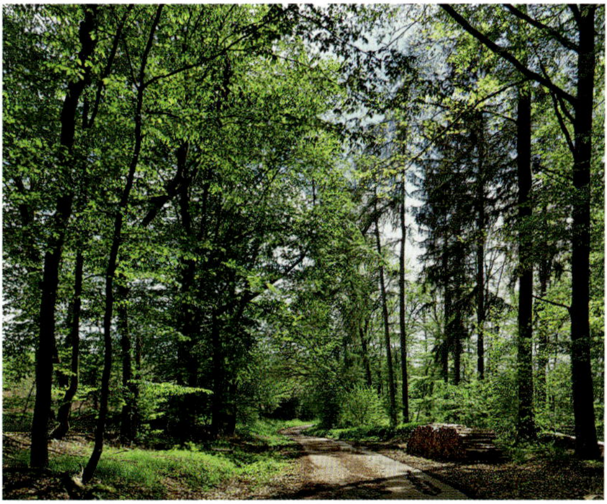

Lichte Waldwege machen die Tour abwechslungsreich.

Himmel. Ideal für unser Rucksackvesper, ehe wir uns wieder zurück auf »V« begeben – einen asphaltierten Radweg. Begleitet von Vogelgezwitscher und Fahrradgeklingel von netten Vorbeiradelnden tauchen wir wieder in die Landschaft mit Wiesen, Wäldern und Obstbäumen ein.

Nach einer Weile verlassen wir das »V« und biegen nach rechts auf »R3« 4 ab, der uns in einem Schlenker nach Rittersbach führt. Dort besichtigen wir die katholische **Kirche St. Georg** 4, die eine Besonderheit aufweist: Sie ist die Kopie der Georgskirche auf der Bodenseeinsel Reichenau.

Kirche St. Georg in Rittersbach

Knapp bei Kasse, dafür ideenreich: Als in Rittersbach die ursprüngliche katholische Kirche immer baufälliger wurde, dachte man über einen Neubau nach. Wegen der hohen Baukosten kam es jedoch nicht dazu. Die rettende Idee hatte Ludwig Maier, der Leiter des Erzbischöflichen Bauamtes in Mosbach. Er war an der Restaurierung der freigelegten Malereien der St. Georgs-Kirche auf der Reichenau beteiligt und schlug einen Nachbau der Bodenseekirche in Rittersbach vor, was sich als eine kostengünstigere Lösung erwies als ein kompletter Neubau. Das Bauwerk entstand von 1886 bis 1888 aus dem Sandstein der Rittersbacher Steinbrüche. Die Ausmalungen nach Kopien der Reichenauer Wandgemälde fertigte der Freiburger Maler Fritz Kohlund.

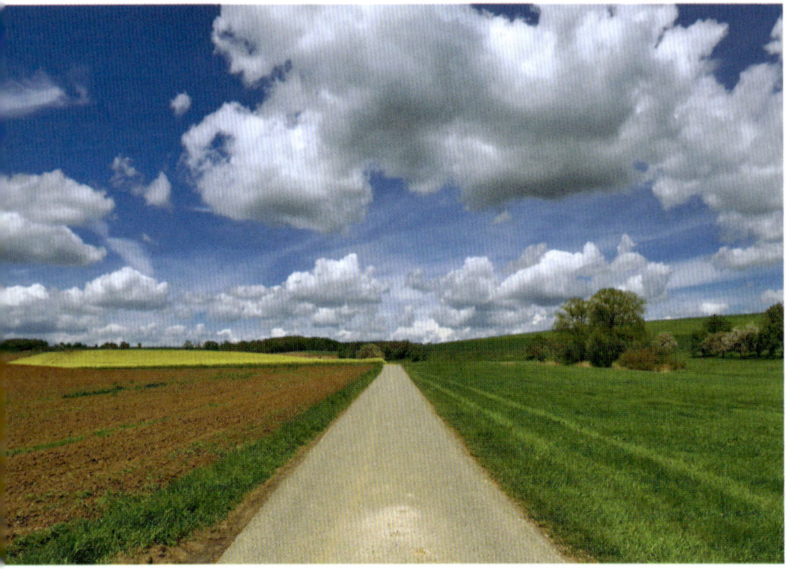

Schnurgerade geht es weiter auf asphaltiertem Weg.

Wir verlassen das Gotteshaus nach links, gehen ein Stück die Straße entlang bis wir auf der linken Seite auf den **Elztalweg (R2)** stoßen, dem wir hinter der Kirche vorbei folgen. Die blaue Raute (= Baulandweg) ist nun unser Symbol, das uns mal rechts, mal links von der Elz entlangführt. Durch den beeindruckenden Torbogen des **Eisenbahnviadukts** 5 erreichen wir Dallau, wo wir vom Bahnhof aus die Rückfahrt nach Mosbach antreten.

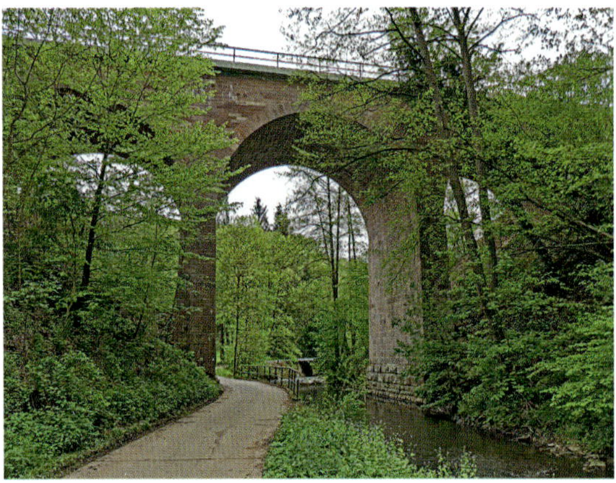

Eisenbahnviadukt bei Dallau

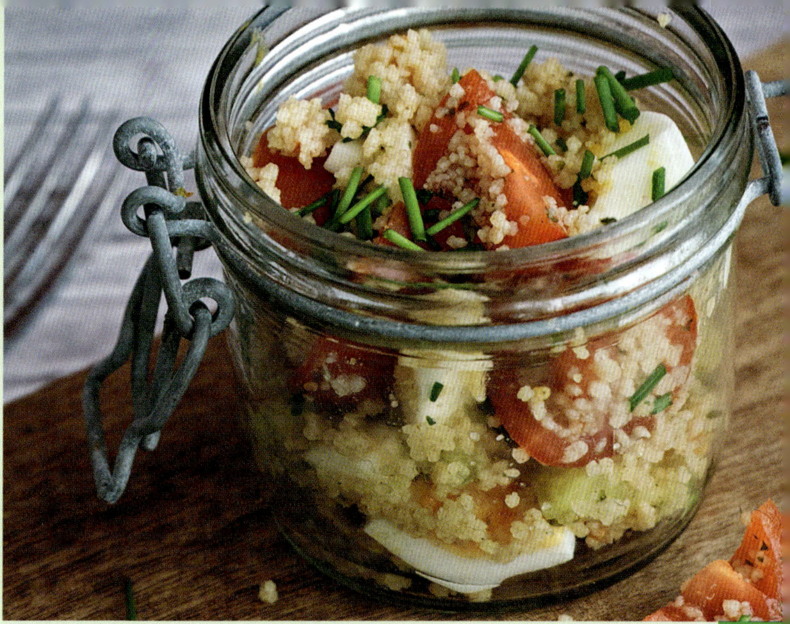

Couscous-Salat

2 PORTIONEN

250 g Couscous
1 Salatgurke
2 Tomaten
½ Zitrone
2 Eier
1 EL Olivenöl
80 g Sellerie
250 ml Gemüsebrühe
1 EL Petersilie,
Salz, Pfeffer

Die Gemüsebrühe aufkochen und über den Couscous geben. 5 Minuten quellen lassen, bis die Flüssigkeit vollkommen aufgesogen ist. Die beiden Eier kochen. Die Salatgurke schälen und wie die Tomaten und den Sellerie würfeln. Alle Zutaten zusammen mit der Petersilie vermischen und Zitronensaft und Olivenöl darüber geben. Die gekochten Eier schälen, vierteln und vorsichtig unterheben. Mit Pfeffer und Salz würzen.

Mühlenidyllen, Bildstöcke und ein verschwundenes Schloss 9

Rundwanderung um Heidersbach über Heidersbacher und Limbacher Mühle

3 Std.
11,4 km
250 m

Heidersbach – Heidersbacher Mühle – Limbacher Schloss – Limbacher Mühle – Heidersbach

Heidersbacher Mühle, Limbacher Mühle

Zwei Mühlen, ein Schloss, blühende Wiesen, verschwiegene Wälder und zahlreiche Bildstöcke begleiten uns auf dieser Rundwanderung durchs Madonnenländchen. Die überaus einladenden Rastmöglichkeiten mitten im Grünen lassen uns diese Tour besonders genießen.

Von Mosbach (Haltestelle »Käfertörle«) geht es mit dem Bus 841 nach Heidersbach, Haltestelle »Heidersbach Ort« 1, direkt an der B27. Wir überqueren die Straße an einer Ampel und biegen in den Mühlweg ein mit den Markierungen »He 1, 2, 3«. Kurz darauf gehen wir nach rechts in die Sonnenhalde, folgen der Straße, bis sie eine Linkskurve macht. Dort gehen wir geradeaus weiter zwischen zwei Häusern hindurch und biegen dann nach links in einen kleinen Weg ab. Am Ende des Weges laufen wir nach rechts 2.

Versteckter Rastplatz, beschirmt von riesigen Birken

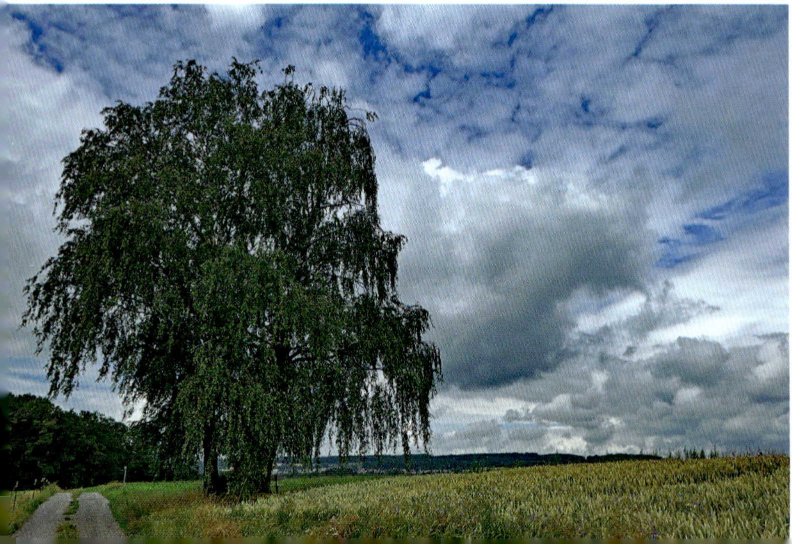

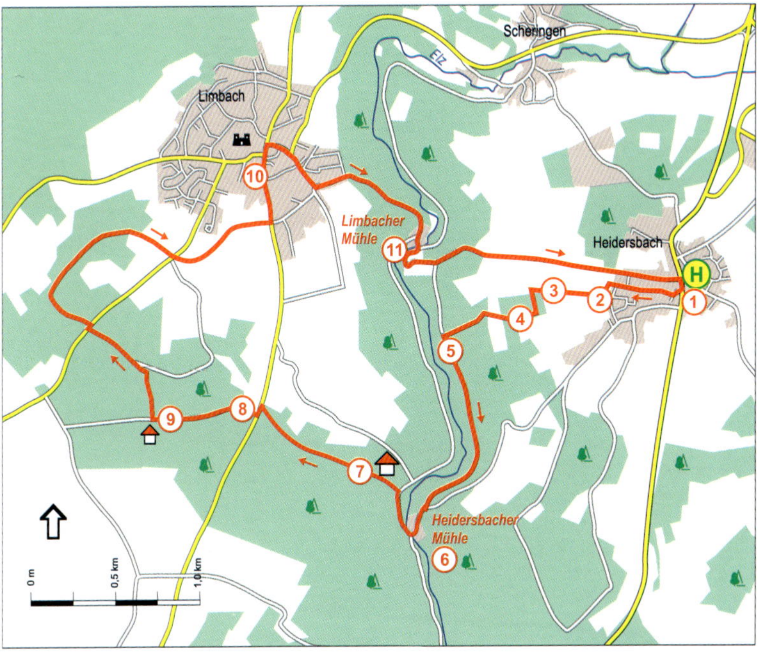

Wir lassen nun das Wohngebiet hinter uns und erfreuen uns an weidenden Kühen, weiten Feldern und am intensiven Blau der hier reich blühenden Büschelschön, die bei den Bienen besonders beliebt sind. Rechts des Wegs wieder ein schöner Anblick, der uns den Fotoapparat zücken lässt: Zwei mächtige Birken umrahmen einen **kleinen Bildstock** 3 und auch eine Bank lädt an diesem schönen Plätzchen zum Verweilen ein. Der Weg führt uns kurz darauf ein Stück am Waldrand entlang, dort wenden wir uns mit »He 1« nach links und kommen wieder an einem Bildstock vorbei – wir sind schließlich im Madonnenländchen.

Die Markierung verlassen wir in einer Linkskurve 4 und gehen geradeaus weiter auf einem kleinen Pfad, der uns ohne Zeichen nach unten durch eine Christbaumschonung führt. Wir tauchen in den Wald ein, halten uns links, wandern an einer prächtigen Riesenbuche vorbei. Wir befinden uns nun auf reinem Waldboden. Der Weg führt uns etwas verschlungen weiter bergab und ist manchmal auch nicht mehr so richtig zu erkennen. Für echte »Pfadfinder« jedoch kein Problem, nur bei Nässe und Feuchtigkeit heißt

INFOS

Wander- und Radwanderkarte 19: Östlicher Odenwald, Madonnenländchen, 1:20 000

GPS 49.454637 / 9.245594

Bus 841: Haltestelle »Bhf Kafertörle« Richtung Buchen/Walldürn – Heidersbach, Haltestelle »Heidersbach Ort«

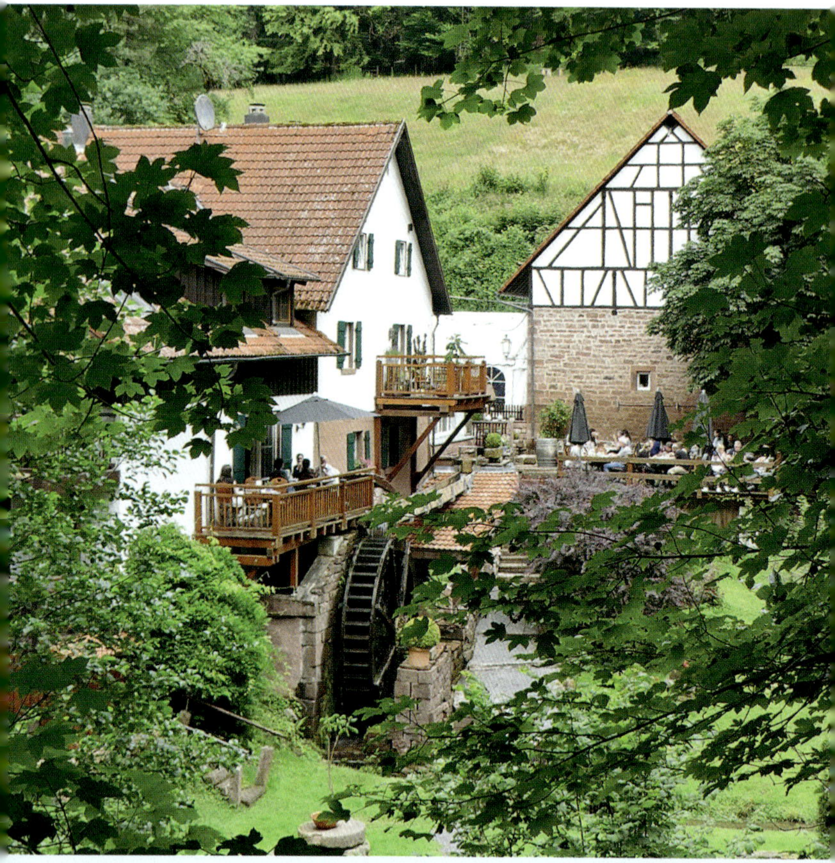

Heidersbacher Mühle

Dem starken Anstieg der Bevölkerung ab 1750 haben wir die Heidersbacher Mühle zu verdanken. Die Landwirtschaft wurde damals auch in Heidersbach intensiviert, doch Getreide und Buchweizen musste man auswärts mahlen lassen. Dies änderte sich um 1769, als im Elztal bei Heidersbach eine große Getreidemühle errichtet wurde, die öfter den Besitzer wechselte. Seit 1946 ist sie nun bereits in der dritten Generation im Besitz der Familie Felzmann. Mehl wird hier nicht mehr gemahlen, aber dank der Umgestaltung in einen Landgasthof ist die Heidersbacher Mühle zu einem überregionalen Anziehungspunkt geworden.

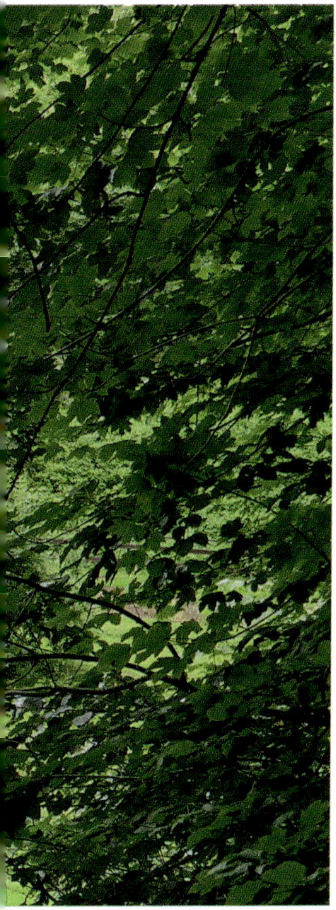

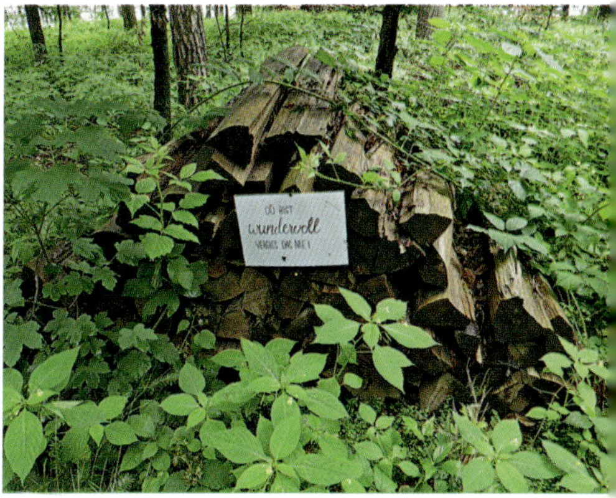

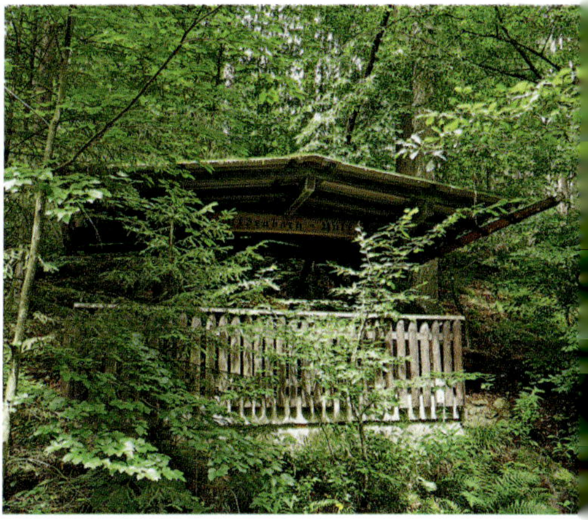

es ein wenig aufpassen. Dieses etwas abenteuerliche Wegstück ist schnell geschafft, unten angekommen, stoßen wir auf einen bequemen Forstweg 5, dem wir nach links folgen.

Rechts von uns rauscht im Tal die Elz, und nach einer Weile taucht auch die gelbe »2« auf, die uns nun ein Stück begleitet. Wir verlassen den Wald, kommen auf ein kleines Sträßchen, und rechts von uns taucht nun die im Talgrund gelegene **Heidersbacher Mühle** 6 auf – eine Idylle wie aus dem Bilderbuch mit einem uralten Mühlrad, dem Mühlengarten mit schnatternden Gänsen und Forellenteichen. Der Landgasthof ist stets gut besucht, wer hier einkehren möchte, sollte vorher reservieren.

Oben: Aufmunterndes am Wegrand

Unten: Die Lautzenbachhütte

Aber auch später gibt es noch Möglichkeiten, das Vesper auszupacken, z. B. in der nicht ganz so komfortablen **Lautzenbachhütte** 7. Auf sie stoßen wir, wenn wir mit der gelben »2« nach Überquerung der Brücke nach rechts gehen. An der Hütte Zeichenwechsel: »Li 5« führt uns nun nach links die Lautzenklinge hinauf. Ein wildromantisches Stück, bis wir oben an die Muckentaler Straße kommen, der wir kurz nach links 8 folgen, um bei nächster Gelegenheit wieder nach rechts mit Überquerung der Straße abzubiegen. Wir orientieren uns weiter an »Li 5«, kommen an der **Heidebuckelhütte** 9 vorbei, überqueren eine weitere Straße, laufen ein Stück die Wanderbahn entlang, die uns schließlich nach **Limbach** führt. In Höhe der Odenwälder Steppdeckenfabrik erreichen wir den Ort und machen zunächst einen Abstecher nach links.

Wir haben vom sagenumwobenen **Limbacher Schloss** 10 gehört und laufen zunächst an der Stelle vorbei, wo es gestanden hat. Denn heute markieren riesige Lindenbäume in einer kleinen Anlage diesen historischen Ort, wo einst die ehemalige Stauferburg stand. Nach dem Ausflug in die Limbacher Historie überqueren wir die Muckentaler Straße und biegen nach der Steppdeckenfabrik nach links in die Industriestraße. In einer Linkskurve folgen wir nach rechts der Heidersbacher Straße, wo schon ein Hinweisschild zur Limbacher Mühle steht.

Ein Sträßchen führt uns mit dem Zeichen »V« bergab in den Wald hinein, wo uns die nächste Mühle – die **Limbacher Mühle** 11 – zur Einkehr lockt. Kaffee und Kuchen umgeben von Waldesgrün – auch die stillere Schwester der Heidersbacher Mühle hat ihre Reize.

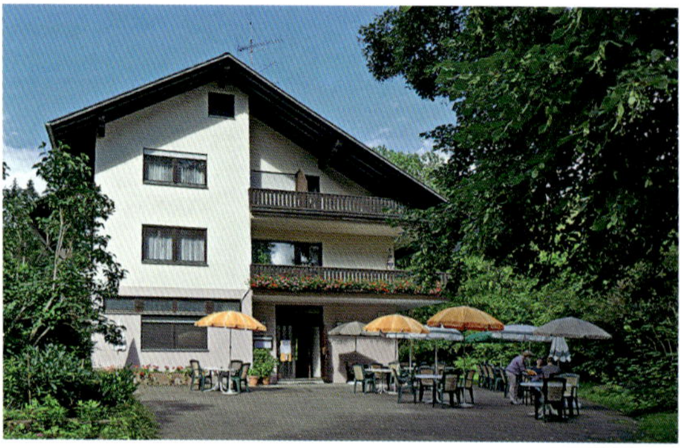

Einladend: Die Limbacher Mühle.

Das Limbacher Schloss

»Schloß und Wasserhaus zu Lympach« – so steht es auf der Holztafel geschrieben, wo einst die alte Stauferburg in Limbach stand. Es muss ein stattliches Gemäuer gewesen sein, wie der Grundriss und die Ansicht des Schlosses zeigen, umgeben von einem Wall und einem Wassergraben. Es wurde vermutlich um 1180 gebaut und wechselte häufig den Besitzer. Während der Bauernkriege 1524/25 brandschatzte Götz von Berlichingen das Limbacher Schloss. Danach wurde es noch bis 1769 genutzt, dann aber wegen starken Verfalls abgerissen. 1983 wurde der ehemalige Schlossplatz mit den Mauerresten und den uralten Linden gesichert und erfreut heute als kleine Erholungsanlage seine Besucher.

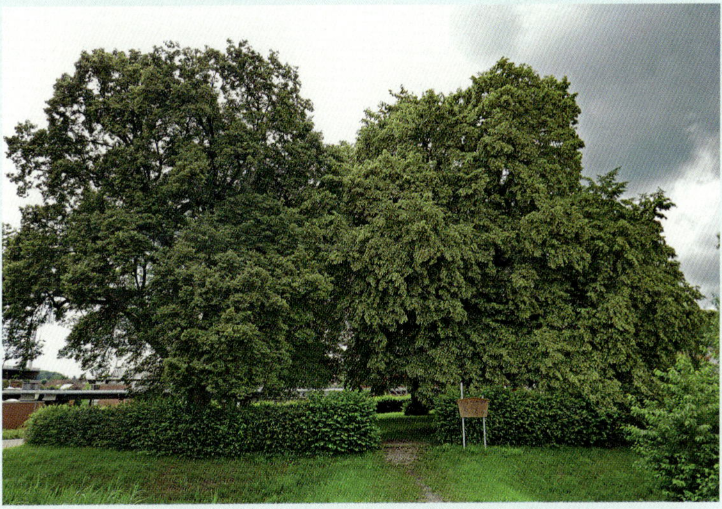

Limbacher Mühle

Bereits im 14. Jahrhundert soll es eine Mühle in »Limpach« gegeben haben. Seit 1820 ist sie im Besitz der Familie Blatz, welche die Mühle über 150 Jahre lang betrieb. Neben der Getreidemühle war auch zeitweilig eine Öl- und Sägemühle angeschlossen. Betrieben wurden die Mühlen mit einem Wasserrad und später auch durch eine Turbine. 1968 wurde der Mahlbetrieb eingestellt und 1975 eröffnete das Landgasthaus »Limbacher Mühle«. Auch ein Gästehaus mit Ferienwohnungen und Pensionszimmern steht heute zur Verfügung.

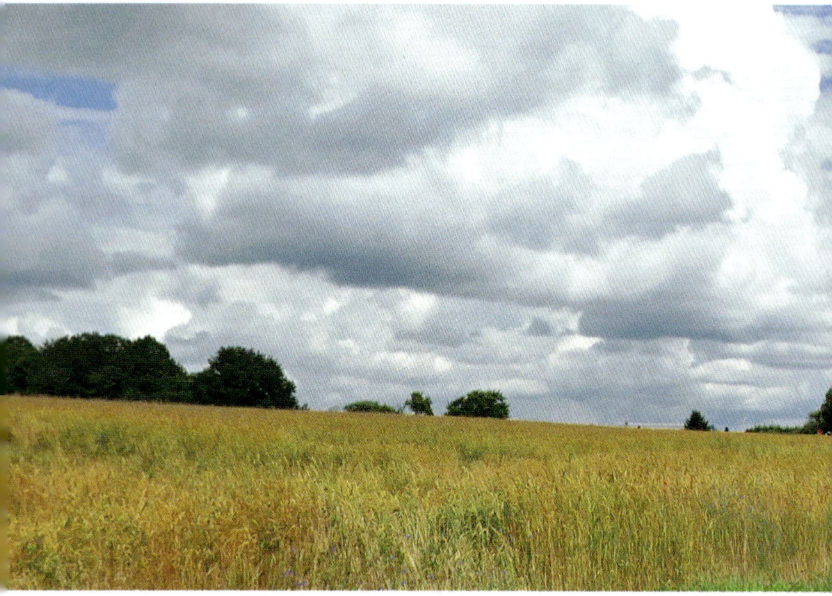

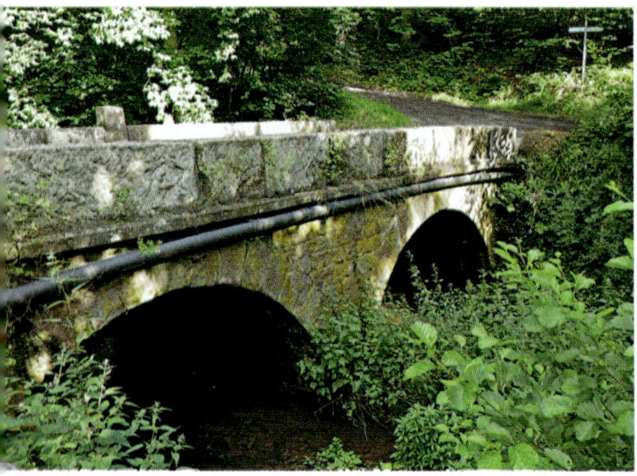

Oben: Nicht nur Wanderer genießen die schöne Landschaft.

Unten: Steinerne Brücke über die Elz

Der Weg zurück nach Heidersbach führt uns über eine kleine steinerne Brücke, danach geht es rechts weiter, wir folgen dem »V« bergauf und freuen uns an der schönen Felderlandschaft mit blühenden Wiesen. Und auch ein Steinkreuz am Wegrand darf natürlich nicht fehlen. Wir erreichen wieder die Heidersbacher Hauptstraße und gehen nach rechts zur Bushaltestelle.

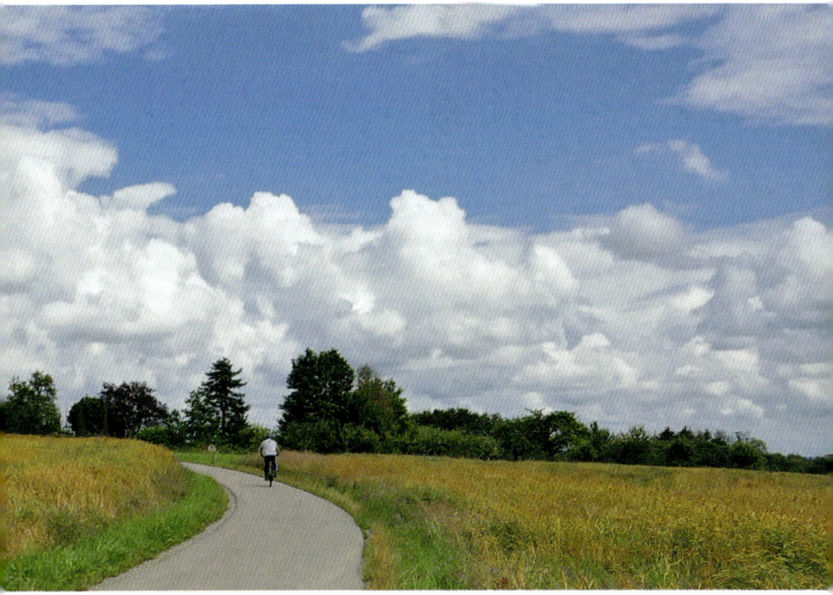

Auf den Spuren von Kirchgängern und dem alten »Bembele« 10

Genießertour rund um Fahrenbach

2½ Std.

8 km

90 m

Fahrenbach Ortsmitte – Wanderbahn – Alter Kirchpfad – Trienz – Robern – Roberner See – Kneippanlage – Fahrenbach

Fahrenbach

Schmucke Orte, malerische Landschaft, ein romantischer See und ein alter Kirchenpfad: Unsere Rundwanderung durch Fahrenbach und seine Ortsteile ist eine Genießertour ohne große Anstrengungen. Doch die vielen kleinen Entdeckungen am Wegrand machen sie besonders reizvoll.

Wir fahren mit dem Bus 832 nach Fahrenbach, wo wir an der Haltestelle »Grüner Baum« 1 aussteigen. An der Kirche biegen wir nach rechts ab in die Bahnhofstraße mit den Markierungen »F3« und dem grünen auf dem Kopf stehenden »T« des Odenwaldklubs. Kurz darauf geht es nach links ein Stück die **Wanderbahn** (Markierung T3) entlang, bis uns ein schönes altes Holzschild **»Alter Kirchenpfad«** 2 den Weg nach rechts in den Wald weist.

Nun wandeln wir auf den Spuren der Kirchgänger, die in früheren Zeiten von Trienz nach Fahrenbach und Lohrbach laufen mussten in Ermangelung eines eigenen Gotteshauses. Wir wandern in umgekehrter Richtung diesen

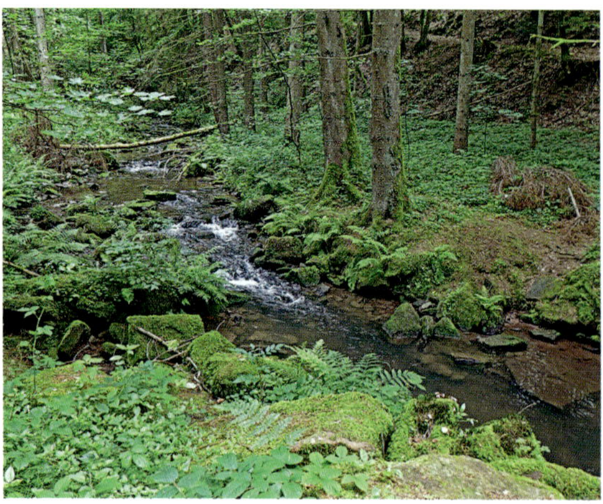

Am Trienzbach

Kirchenpfad

Ob katholisch oder evangelisch – beide Konfessionen nutzten den alten Kirchenpfad vermutlich seit 1527 von Trienz nach Fahrenbach und Lohrbach. Je nachdem, welche Konfession von der jeweiligen Herrschaft »verordnet« war, konnte es sein, dass manche Gläubige plötzlich kein Gotteshaus mehr hatten. So nahmen sie für ihre Gottesdienste über den Kirchenpfad zum Teil weite Wege in Kauf. Beispielsweise wurde die Fahrenbacher Kirche nach der Reformation evangelisch, doch 1705 wieder katholisch. Die Evangelischen Einwohner von Fahrenbach und Trienz gehörten plötzlich zur Pfarrei Lohrbach und mussten über den Kirchenpfad nach Lohrbach wandern.

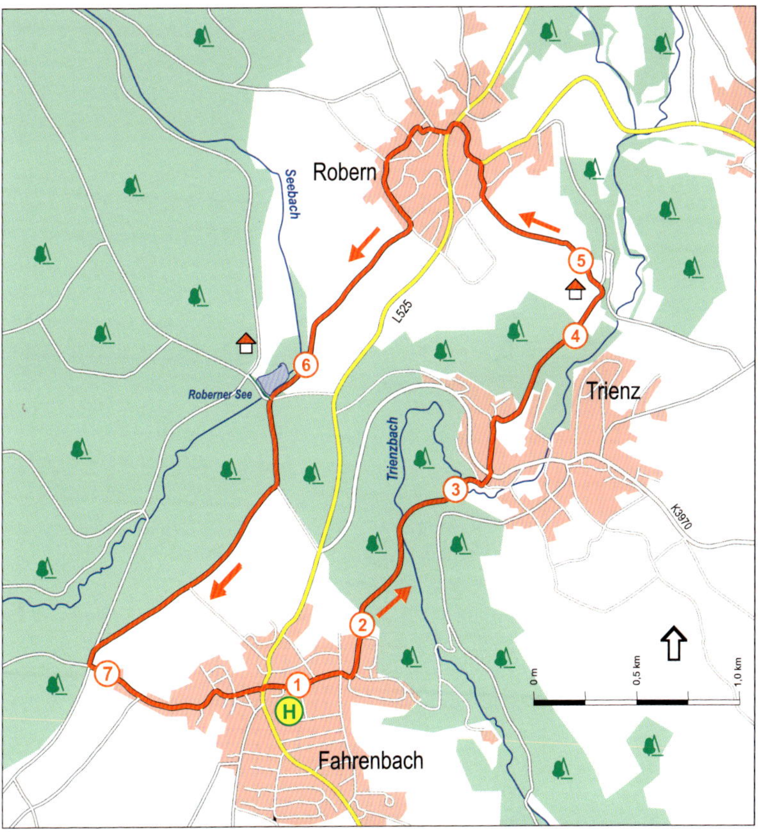

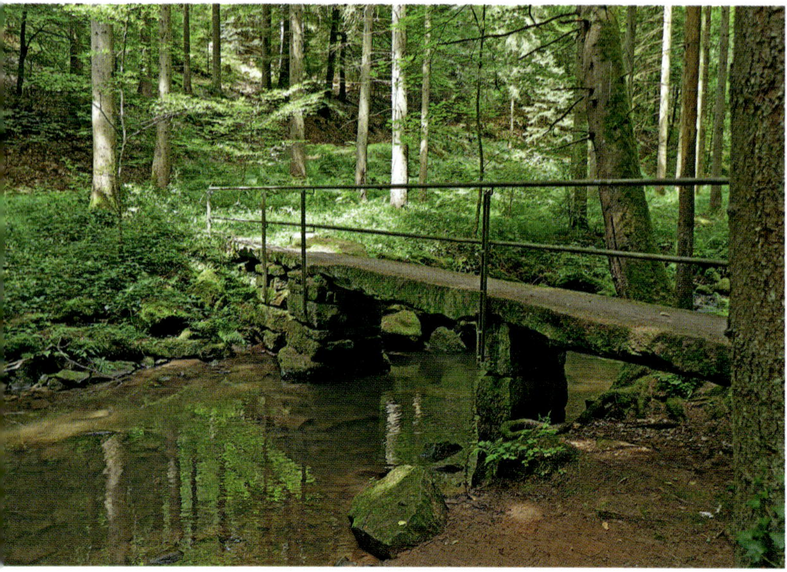

Steinerner Steg am Kirchenpfad

romantischen Naturpfad entlang und biegen am Ende des Weges nach links ab. Ein breiterer Weg führt nun nach unten, den wir in einer Rechtskurve wieder verlassen, und gehen geradeaus weiter abwärts ohne Markierung. Unten plätschert der **Trienzbach**, und wir erreichen nun den historischen **»Steinernen Steg«** 3, über den die Gläubigen über Jahrhunderte pilgerten. Bach, Steg und Wald bilden eine märchenhafte Kulisse.

Auch nach der Brücke folgen wir weiter dem Schild »Kirchenpfad« Richtung Trienz. Am Ende des Pfades tauchen wieder Markierungen auf (grünes L, T2, T3, T4), denen wir nach links folgen. Über eine kleine Brücke überqueren wir ein zweites Mal den Trienzbach. In **Trienz** angekommen wenden wir uns nach links Richtung Robern (Grünes L), überqueren die Römerstraße, laufen an der Kirche vorbei Richtung Wald. Wir stoßen wieder auf die Wanderbahn 6, wo wir mit »T1« nach rechts abbiegen. Hier gibt es wieder einiges zu sehen: Ein gemütlicher Rastplatz am alten **Steinbrunnen** 4, die **Holzhütte »Reißmühle«** 5, ein altes Mühlrad, und eine alte Signalanlage und ein Hinweisschild erinnern daran, dass wir hier am alten **Bahnhof Robern** stehen. Hier schnaufte einst die Schmalspurbahn – das **»Bembele«** – bis nach Mudau.

INFOS

Wander- und Radwanderkarte 18: Südlicher Odenwald, Bauland, 1:20 000

GPS 49.427857/ 9.152951

Bus 832: Mosbach »Käfertörle« – Fahrenbach »Grüner Baum«

etwa stündlich, abends Ruftaxi

Das »Bembele«

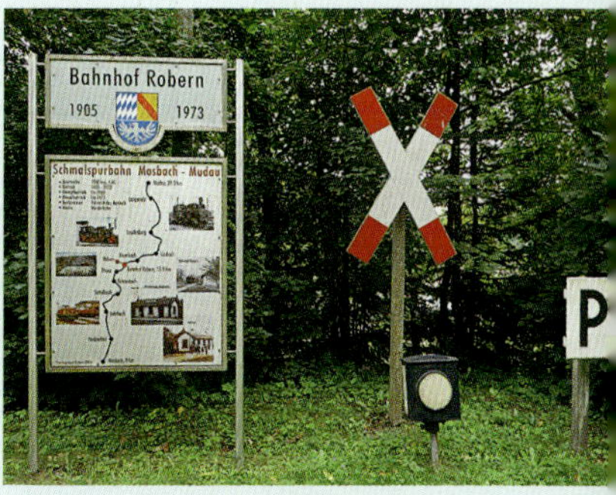

Kaum zu glauben, dass Robern mal einen eigenen Bahnhof hatte. Doch von 1905 bis 1973 verkehrte auf der Strecke von Mosbach nach Mudau eine Schmalspurbahn, liebevoll das »Bembele« genannt. Für die abseits der Verkehrsströme lebenden Dorfbewohner von Lohrbach, Sattelbach, Fahrenbach, Trienz, Robern, Krumbach, Limbach, Laudenberg, Langenelz und Mudau ein großer Gewinn. Zunächst zogen qualmende Dampfloks, später Dieselloks vom Mosbacher Bahnhofsvorplatz aus die Bahn durch Wälder und Felder. An Gefahrenpunkten läutete eine Glocke, was der Bahn den Namen »Bembele« einbrachte. Auch »Entenmörder« wurde sie gerne wegen ihres langsamen Tempos genannt. 1973 wurde der Betrieb eingestellt, die Kosten waren zu hoch, und die Bahnstrecke Heidelberg–Osterburken wurde als Hauptstrecke elektrifiziert. Seit 1980 erinnert die Wanderbahn an die ehemalige Streckenführung des »Bembele«. Auf der alten Bahntrasse sind nun Radfahrer und Wanderer unterwegs, denen an ehemaligen Bahnhöfen mit Relikten aus der damaligen Zeit noch ein Stück Eisenbahnromantik begegnet. In Mudau kann sogar noch eine alte Dampflok bewundert werden.

Wir verlassen die Wanderbahn nach links mit dem gelben »V«. Durch eine Christbaumschonung und Obstbaumwiesen kommen wir in Robern an und halten uns dort weiter rechts mit dem »V« und dem grünen »L«. Wir laufen den Mühlenweg bis zur Krumbacher Straße und folgen dort weiter »V« und »L« nach links, bis wir zur Wagenschwender Straße kommen. Dort wenden wir uns nach links und bei der nächsten Gelegenheit nach rechts Richtung Brunnen und Dorfgemeinschaftshaus. Über die Schulstraße und die Ringstraße verlassen wir den Ort und laufen Richtung Wald über die Felder.

Wo sich der Weg teilt, gehen wir nach links mit der gelben »1«. Wir laufen geradeaus, bis wir nach rechts auf ein kleines Sträßchen biegen, das uns kurz darauf zum **Roberner**

See 6 führt. Enten und zahlreiche andere Wassertiere tummeln sich hier, und sogar der Biber fühlt sich wieder heimisch. Kein Wunder, dass der See eines der beliebtesten Ausflugsziele in der Region ist – besonders auch, wenn im Sommer die Seerosen blühen.

Nach einer stärkenden Rast verlassen wir den See, wenden uns nach rechts und bei nächster Gelegenheit nach links. Mit den Hinweisschildern Seewiesenweg, Kneippanlage und der Markierung »F2« laufen wir am Seebach (rechts von uns) durch den Wald, bis wir wieder die Felder erreichen. An der nächsten Kreuzung geht es nach links an der **Kneippanlage** 7 und einem Grillplatz vorbei. Über die Adolf-Weber-Straße erreichen wir wieder die Fahrenbacher Hauptstraße, wo wir an der Haltestelle »Grüner Baum« mit dem Bus die Rückfahrt nach Mosbach antreten.

Roberner See

Der Roberner See ist ein angelegter See, den es in seiner heutigen Form seit 1966 gibt. Er geht auf einen wesentlich älteren Schwallweiher zurück, mit dem schon im 18. Jahrhundert Holz über den aufgestauten Seebach von Robern bis nach Neckargerach zum Neckar transportiert werden konnte. Heute ist der See Teil eines Naturschutzgebietes, Refugium für artenreiche Flora und Fauna und zudem beliebtes Ausflugsziel für Wanderer und Radfahrer.

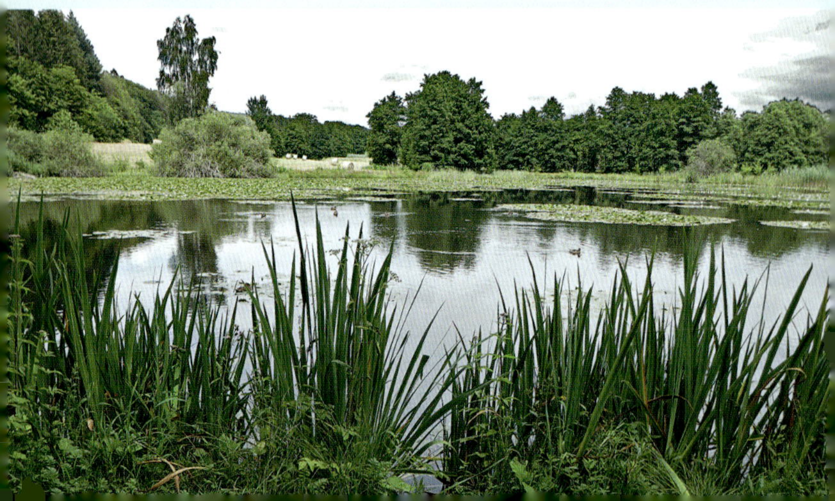

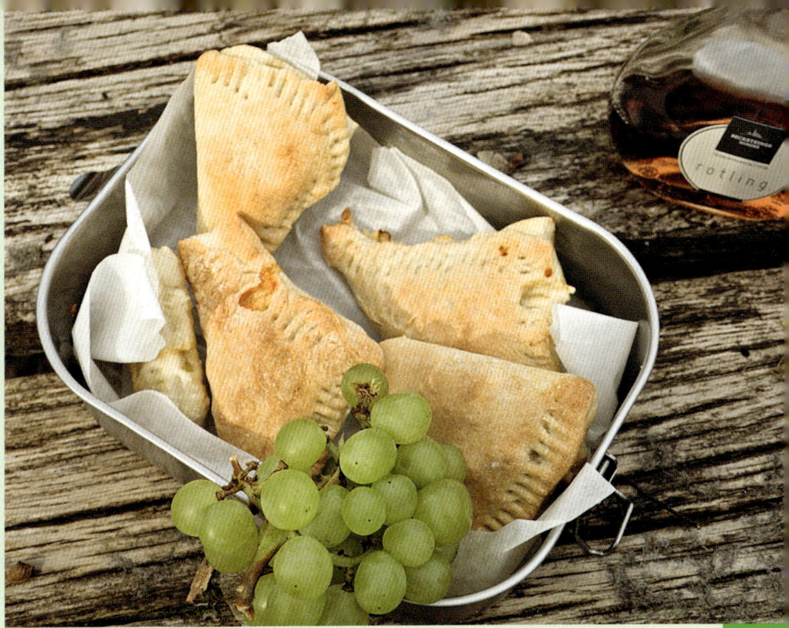

Teigtaschen mit Garnelen

8 PORTIONEN

300 g Mehl
½ TL Trockenhefe
Olivenöl
100 g Blumenkohl
100 g Garnelen
1 Bund Petersilie
3 Zweige Minze
1 Knoblauchzehe
½ Zitrone
100 g Kichererbsen
Chili, Kreuzkümmel
Pfeffer, Salz
2 EL Sesamsamen

Mehl mit 1 TL Salz, Hefe, 1 EL Öl und ca. 180 ml lauwarmem Wasser verkneten, Teig mindestens 1 Stunde gehen lassen.

Blumenkohl zerkleinert in Salzwasser 2 Minuten bissfest kochen, abgießen. Kichererbsen und klein gehackten Knoblauch mit 2 EL Olivenöl, Zitronensaft, Kräutern und 2 EL Wasser pürieren und würzen. Blumenkohl, Garnelen und Sesam unterrühren. Teig dünn ausrollen, in Quadrate schneiden und 1–2 EL von der Füllung auf die Teigstücke geben. Diese zu Dreiecken falten, an den Rändern fest zusammendrücken und im Backofen bei 220° Umluft 12–15 Minuten backen.

Drei Mühlen, drei Dolen und ein Felsenpfad

11

Von gemütlich bis herausfordernd: Wanderung von Weisbach nach Neckargerach

2½ Std.

10 km

250 m

Weisbach – Erbgroßherzog-Friedrich-Straße – Drei Dolen – Felsenpfad – Läufertsmühle – Waldsee – Neckargerach

Neckargerach

Drei Mühlen, eine besondere kleine Dorfkirche und eines der fünf Weisbacher Steinkreuze begleiten uns auf dieser Wanderung, die uns vom Hohen Odenwald ins Neckartal führt. Die Wege könnten unterschiedlicher nicht sein: Vom wild-romantischen Felsenpfad bis zur historischen Erbherzog-Friedrich-Straße ist von herausfordernd bis gemütlich alles drin.

Mit dem Bus 837 starten wir von der Bushaltestelle »Käfertörle« in Mosbach und erreichen nach einer knappen halben Stunde Weisbach. Ab der Haltestelle »Weisbach Ort« 1 beginnt unsere Wanderung. Gegenüber der Haltestelle vor dem alten Schul- und Rathaus erinnert ein steinernes Sühnekreuz an Mord- und Totschlag im 16. Jahrhundert. Wir laufen die Mosbacher Straße weiter Richtung Norden und stoßen linkerhand auf die **evangelische Dorfkirche**. Das Gebäude aus den 50er Jahren beeindruckt durch seine Schlichtheit und sein Sandstein-Sichtmauerwerk. Es wurde aus Abbruchsteinen erbaut. Ein Blick hinein in die Kirche lohnt sich, allein schon wegen

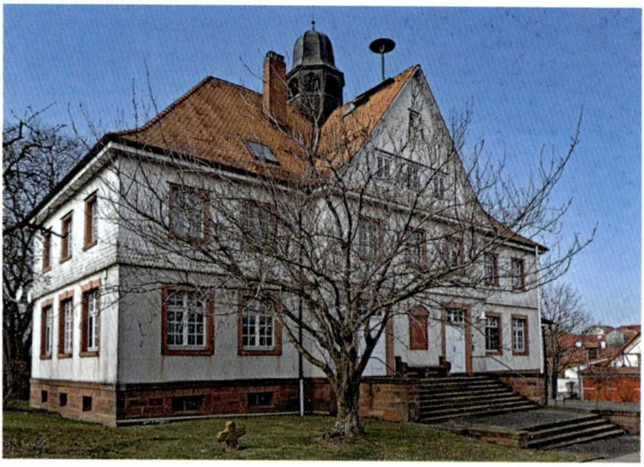

Altes Schul- und Rathaus mit Sühnekreuz

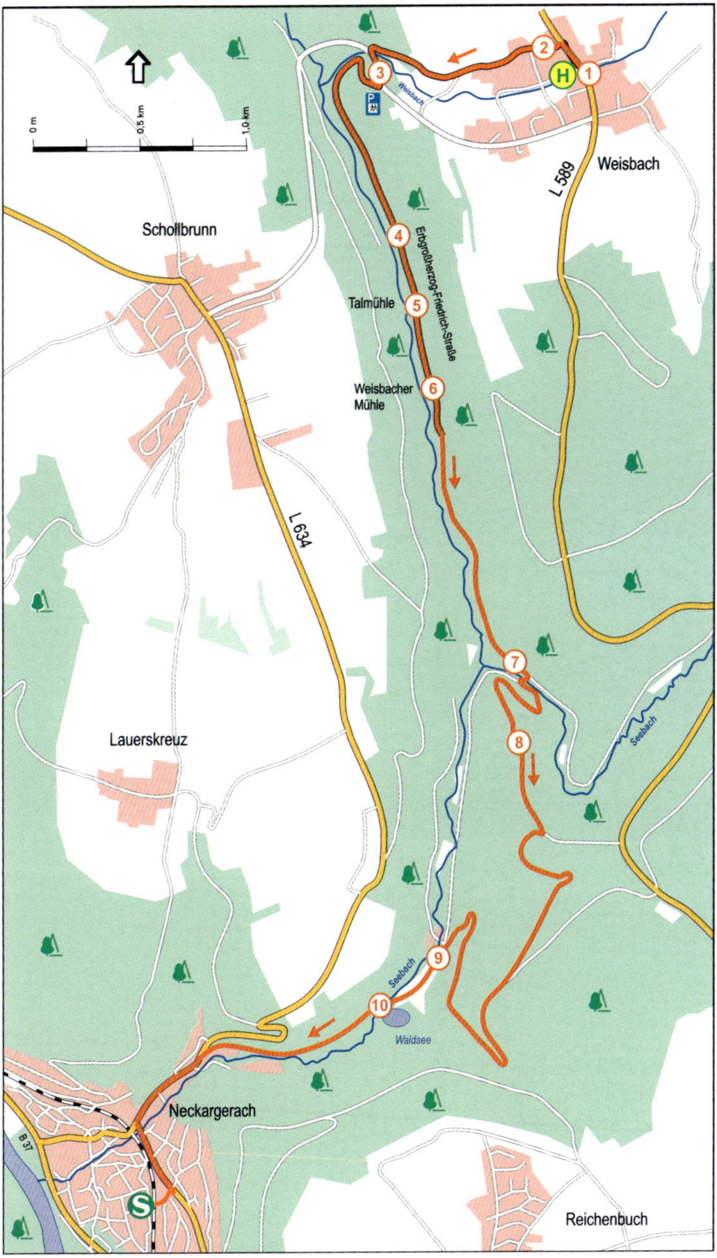

Weisbach
L 589
Weisbach
Schollbrunn
Erbgroßherzog-Friedrich-Straße
Talmühle
Weisbacher Mühle
L 634
Lauerskreuz
Seebach
Seebach
Waldsee
Neckargerach
B 37
Reichenbuch
0 m
0,5 km
1,0 km

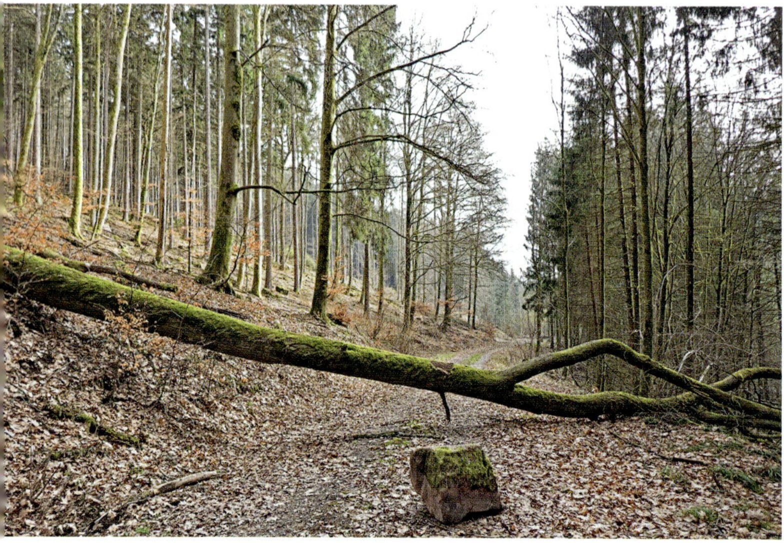

»Wilder« Odenwald

des ungewöhnlichen Mauerwerkmosaiks hinter dem Altar. Kurz darauf biegen wir von der Hauptstraße nach links in den Wagenweg 2 ein und folgen nun der Markierung »45/46«. Wir lassen die Häuser hinter uns, und weiter geht es über freies Feld bis zum Wald. An der K3929 laufen wir links ein kleines Stück die Straße entlang und überqueren diese in Höhe des **Parkplatzes Hammelsrain** 3. Ab hier folgen wir dem Symbol des Katzensteigs. Es führt uns auf der historischen **Erbgroßherzog-Friedrich-Straße** 4 links des Weisbachs durch das idyllische **Weisbachtal**.

Seebach und Erbgroßherzog-Friedrich-Straße

Der Seebach speist sich aus dem Roberner See und hat daher auch seinen Namen. Vom 16. bis Mitte des 19. Jahrhunderts wurde er zur Holzflößerei genutzt. Die Holzstämme wurden vom kleinen Seebach über den Neckar bis nach Holland transportiert. Und wieso wurde ein lauschiger Waldweg in den Rang einer Erbgroßherzog-Friedrich-Straße erhoben? Der Weg war tatsächlich mal eine kleine Straße, die Neckargerach mit Weisbach verband – ein ehrgeiziges Straßenbauprojekt vom Anfang des 20. Jahrhunderts. Auf untertänigste Anfrage erlaubte der Erbgroßherzog damals, dass die neue Verbindung seinen Namen erhielt. Er selbst hat die Straße nie genutzt.

Zeit für eine kleine Rast an diesem verträumten Flecken, wo die Zeit stehen geblieben zu sein scheint. Wir schauen von unserer Bank ins Tal hinein auf die **Talmühle** 5 und die **Weisbacher Mühle** 6, und hier klappert zwar nichts, dafür rauscht der Weisbach gemütlich vor sich hin. Einen umgestürzten Baum gilt es auf dem sonst bequemen Weg zu überwinden. Auf dem Katzensteig geht es weiter bis zu den **»Drei Dolen«** 7, wo Seebach und Weisbach sich vereinen. Wir überqueren die Brücke, die eigentlich ein Sperrwerk mit drei Durchlässen (Dolen) ist, und wenden uns dann nach links. Nach wenigen Metern zweigt ein kleiner Pfad nach rechts oben ab (»NG 3«). Eine Holztafel verrät uns, dass wir uns nun auf dem **Felsenpfad** 8 befinden. Wer's wild-romantisch mag, wird diesen urwüchsigen Pfad lieben. Über querliegende Bäume bahnen wir uns den Weg nach oben und wundern uns, dass uns keine Waldgeister oder Wurzelmännchen begegnen.

Oben angekommen, halten wir uns rechts und folgen weiter dem Weg, der uns in großen Kehren nach unten bis zur **Läufertsmühle** 9 führt. Auf einer asphaltierten Fahrstraße laufen wir nun Richtung Neckargerach. Wir passieren eine kleine **Freizeitanlage** mit Waldsee 10 und Rastplatz und einen Bogenschießplatz und kommen an der Firma Scharfenstein vorbei, wo ein **Mahnmal** »Zum Gedenken an die verstorbenen KZ-Häftlinge in Neckargerach 1944–1945« erinnert. Vor der Unterführung gehen wir links die Reichenbucher Straße entlang, danach rechts durch eine kleine Unterführung, dann wieder links zum Neckargeracher Bahnhof.

INFOS

Wander- und Radwanderkarte 13: Neckartal-Odenwald, 1:20 000

GPS 49.446020/ 9.103803

Bus 837: Mosbach »Käfertörle« – Weisbach »Ort«

Rückfahrt: S-Bahn ab Neckargerach – Mosbach

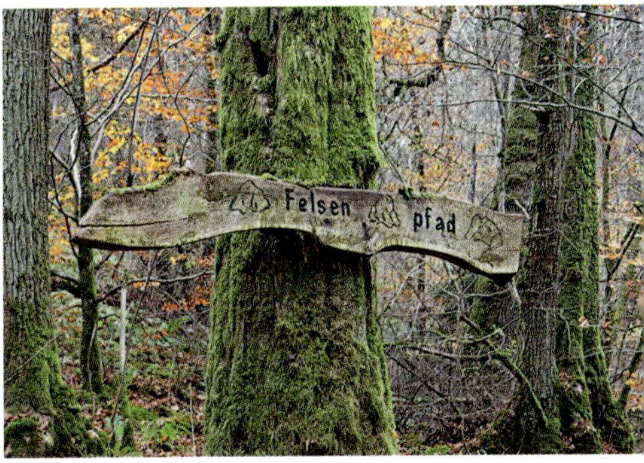

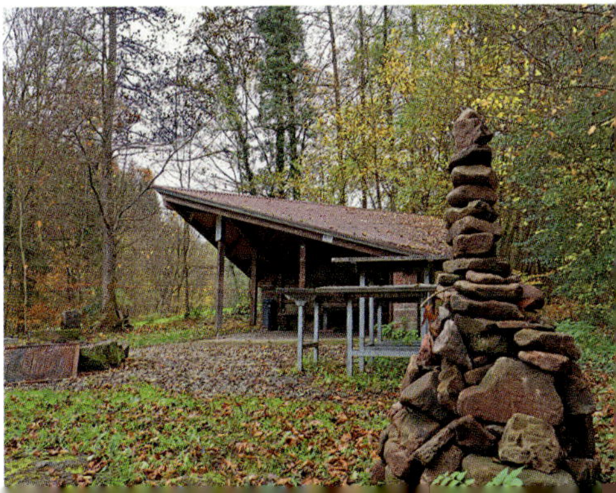

Ein schöner Ort zum Verweilen: Freizeitanlage mit Grillplatz und Waldsee (nächste Doppelseite).

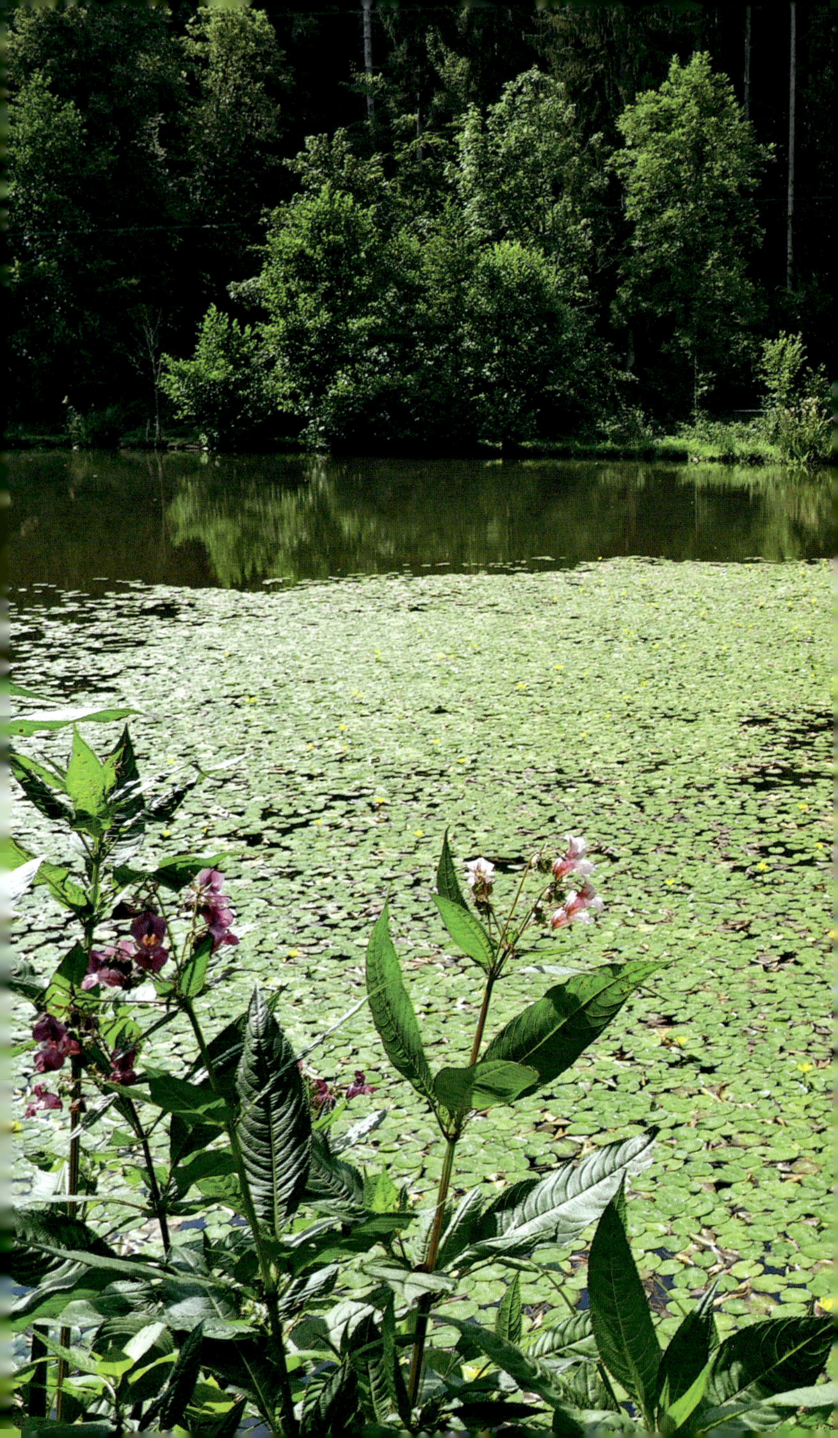

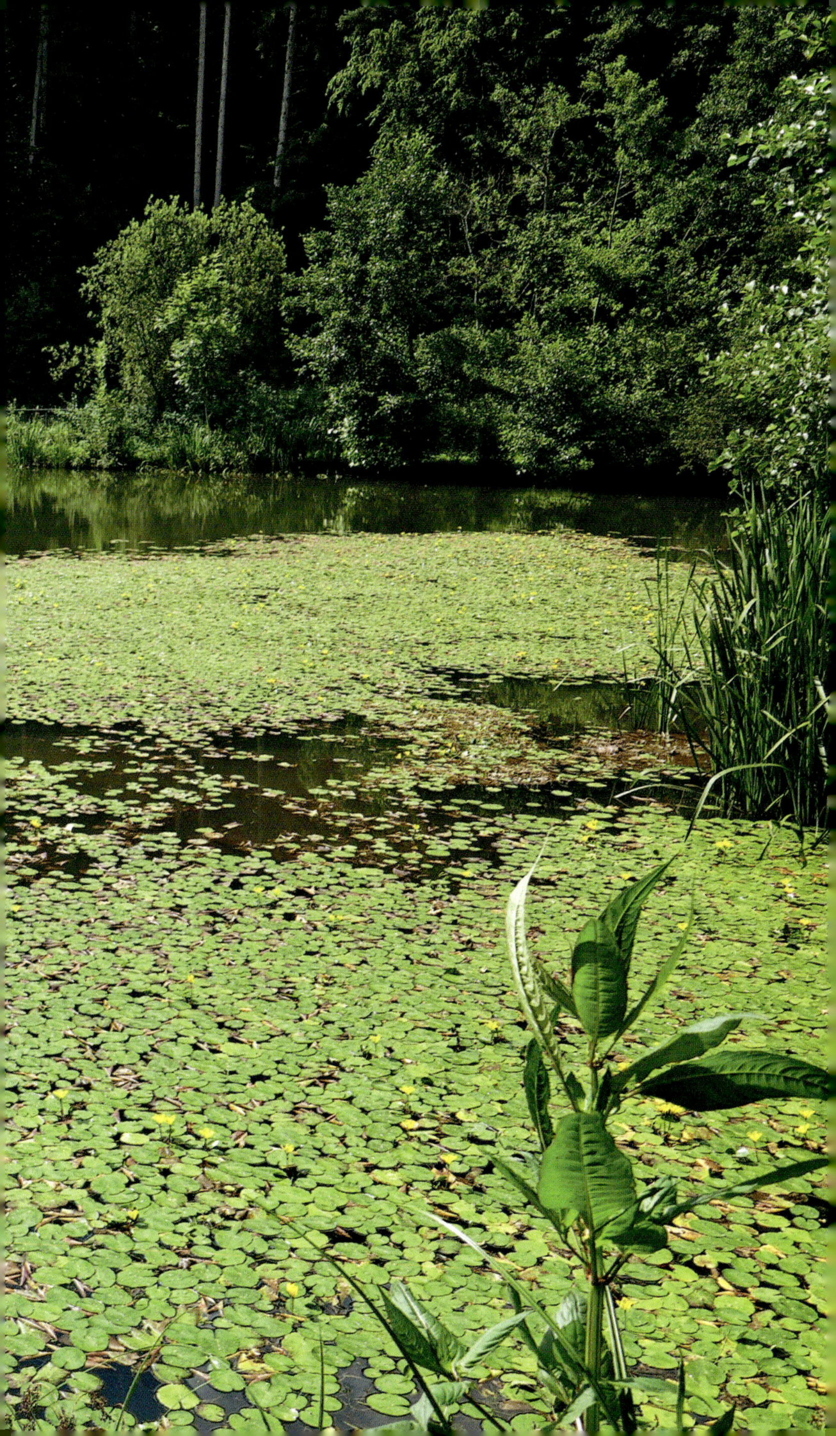

Verlassene Dörfer im Räuberwald

12

Rundwanderung von Mülben durch den Bergwald und am Reisenbach entlang

4½ Std.
14,6 km
190 m

Mülben – Ferdinandsdorf – Felsenhaus – Steinerner Tisch – Mülben

INFOS

Wander- und Radwanderkarte 13: Neckartal-Odenwald, 1:20 000

GPS 49.757894/ 9.801108

Bus 837: Richtung Schollbrunn nach Mülben »Waldbrunner Hof«, werktags sechsmal, ab dem Nachmittag Ruftaxi.

Alternative zur Rückfahrt: Bus zum Bhf. Eberbach – S-Bahn nach Mosbach

Eine stimmungsvolle Wanderung im Hohen Odenwald: Sie führt uns durch Wald und Tal und erzählt uns Geschichten von Räubern und untergangenen Dörfern. Wo wir uns heute an Landschaften und schönen Aussichten erfreuen, kämpften die Menschen früher ums Überleben.

Unser Ausflug beginnt ab der Mosbacher Haltestelle »Käfertörle« mit dem Bus 837 Richtung Schollbrunn.

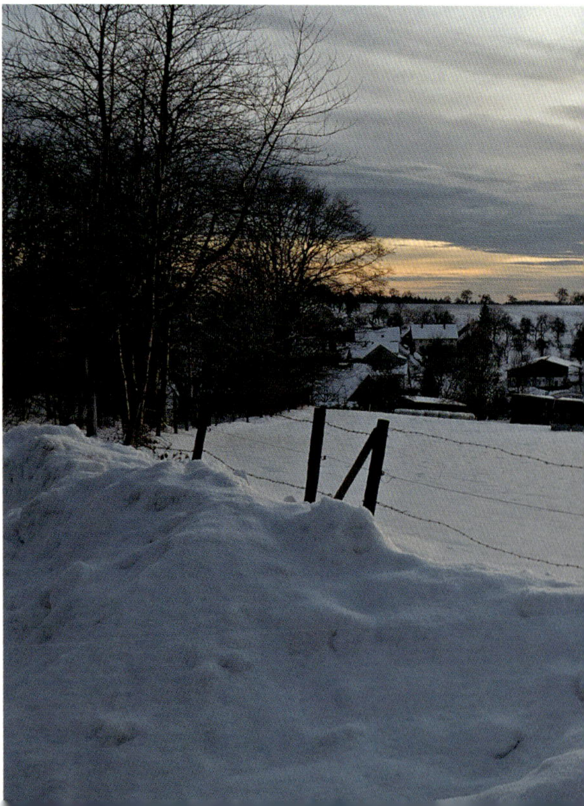

Unser Ziel ist Mülben, wo wir an der Bushaltestelle »Waldbrunner Hof« ❶ aussteigen und der Markierung »41« (Scheidentaler Weg) ❷ nach rechts hinauf zum Friedhof folgen. Am Parkplatz Hardenberg halten wir uns weiter rechts, der Weg führt uns nun leicht aufwärts in den Wald hinein. Wer einen schönen Wintertag erwischt, so wie wir, erlebt einen tief verschneiten Märchenwald und kann sich an bizarren Wesen erfreuen, die der Schnee aus Wurzeln, Steinen und Bäumen geformt hat.

Wir bleiben auf dem Scheidentaler Weg, queren den Luisenweg ❸ und folgen nun weiter geradeaus leicht abwärts »RG 1« ❹ durch den Bergwald. Wir bleiben auf dem Weg, bis wir in einer Linksbiegung über einen Steg den Reisenbach überqueren. Dann laufen wir ein Stück rechts vom Bach bis zur nächsten Spitzkehre, halten uns dort links und biegen kurz darauf mit »RG 3« ❺ nach rechts in den Grundweg (Holztafel) ein.

Abendstimmung im verschneiten Waldbrunn

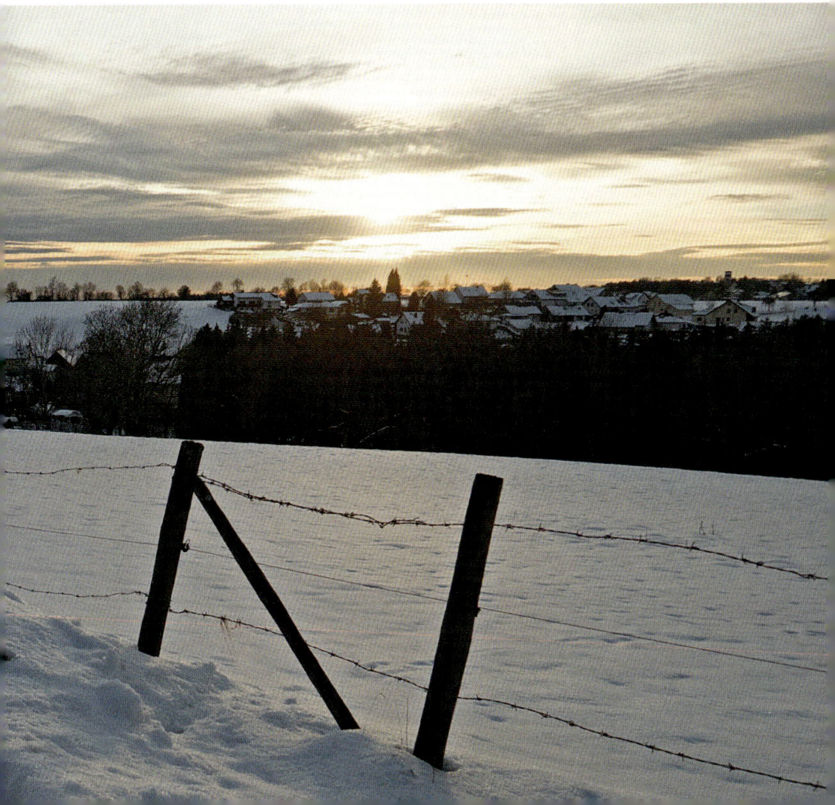

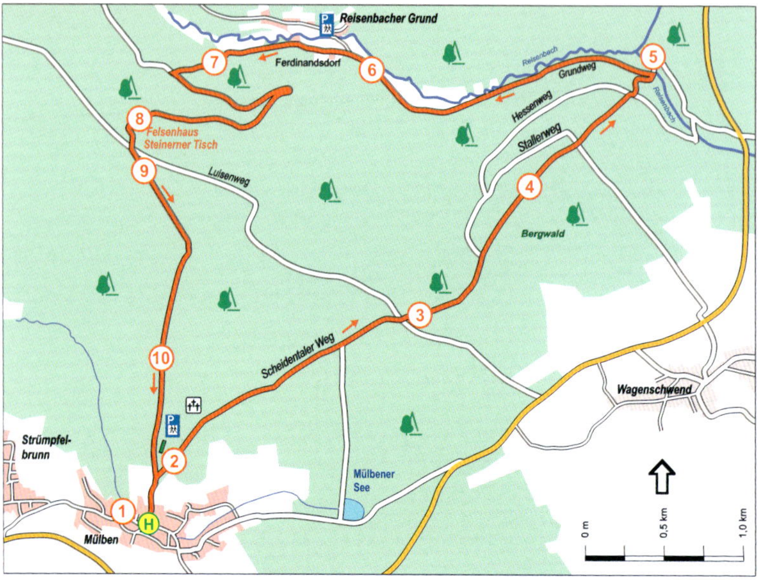

Ein zweites Mal überqueren wir den **Reisenbach** und wandern nun auf der linken Bachseite weiter. Auch wenn's frisch ist, Pause muss sein. Eine tief verschneite Bank dient als Vesperplatz, Bachgemurmel und schöner Blick ins Tal inklusive. An einer Straßenkehre folgen wir der roten Raute 6 nach links. Das Sträßchen führt uns durch den Weiler **Ferdinandsdorf**. Danach müssen wir über ein Wildgatter-Tor klettern. Eine kleine Vorübung für

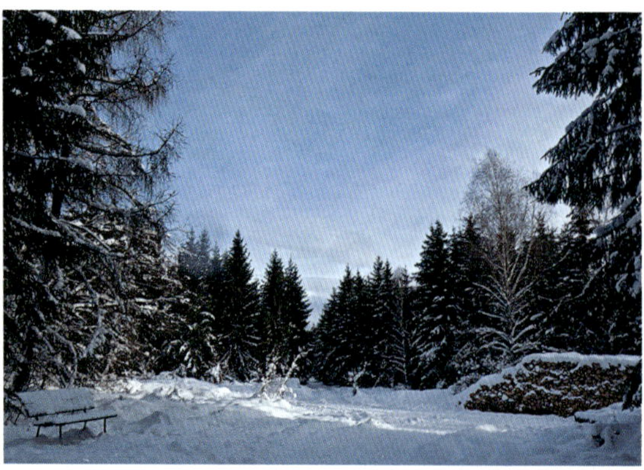

Wintermärchen im Wald bei Mülben

Ober- und Unterferdinandsdorf

Die Dörfer Ober- und Unterferdinandsdorf wurden von Graf Ferdinand von Wiser gegründet. Der Plan, armen Bauern hier ein Auskommen zu sichern, ging schief. Ungünstige Bedingungen und Missernten trieben die Bewohner in noch größere Armut. Letzte Rettung blieb die staatlich organisierte Auswanderung nach Amerika. Mauerreste der verlassenen Dörfer sind heute noch zu sehen.

Hölzerlips und das Felsenhaus

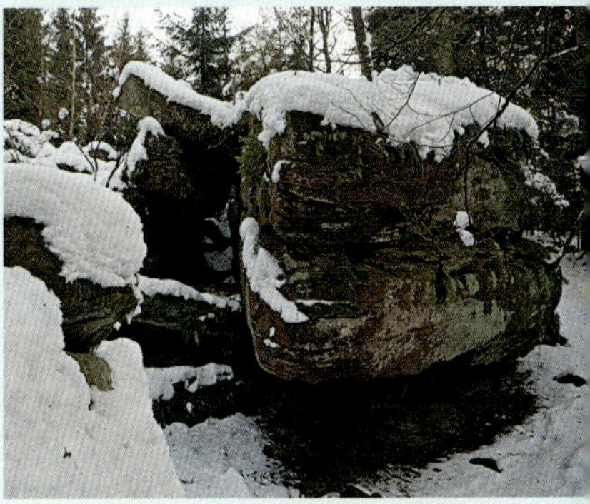

Bürgerlich hieß er Georg Philipp Lang, wurde jedoch »Hölzerlips« genannt, da er ursprünglich mit Holzwaren handelte. Offensichtlich kein einträgliches Geschäft, denn mit weiteren Kumpanen verlegte er sich auf Überfälle, Diebstähle und Einbrüche und gehörte bald zu den meistgesuchten Räubern. Der Odenwald diente ihm zwischen 1800 und 1811 als Rückzugsort, dazu zählte vermutlich auch das Felsenhaus. Nach einem Überfall auf eine Postkutsche bei Hemsbach, den ein Kaufmann nicht überlebte, wurden die Räuber massiv verfolgt und schließlich verhaftet. Hölzerlips und drei seiner Kumpane wurden 1812 in Heidelberg hingerichtet.

den steilen Pfad, der mit der Raute und »RG 2« links nach oben führt am ehemaligen **Unterferdinandsdorf** 7 vorbei. Auf einem breiten Waldweg geht es nun beständig weiter bergauf.

Den Unterschlupf des Hölzerlips und seiner Kumpane – das **Felsenhaus** 8 – findet man nur durch den diskreten Hinweis »F. H.« an einem Baum. Der Abstecher links des Wegs lohnt sich, diese von mächtigen Felsblöcken gebildeten Höhlen und Kammern boten den Verfolgten zumindest zeitweise Schutz. Weiter geht es der Raute nach bis zur Kreuzung **Steinerner Tisch** 9, wir wenden uns nach links und folgen dem Zeichen zurück nach Mülben über den Parkplatz Hardenberg 10 zur Bushaltestelle.

Geschichtstour durch den hessischen Odenwald

13

Von Beerfelden nach Gammelsbach

2½ Std.

8,7 km

180 m

Beerfelden – Zwölf-Röhren-Brunnen – Dreischläfriger Galgen – Burgruine Freienstein – Gammelsbach

Gammelsbach

INFOS

Wander- und Radwanderkarte 10: Oberzent, 1:20 000

GPS 49.565957 / 8.975081

S-Bahn: Mosbach – Eberbach – Bus 50 nach Beerfelden (etwa Stundentakt)

Unsere Entdeckertour führt uns diesmal in den hessischen Odenwald nach Beerfelden, dem Hauptort von Oberzent. Von dort aus wollen wir die Landschaft erkunden und sind gespannt auf die historischen Sehenswürdigkeiten, die an unserer Wanderroute liegen. Röhrenbrunnen, Galgen, Leonhardskapelle – ein Geschichtsunterricht im Vorübergehen. Und als krönender Abschluss die Burgruine Freienstein in Gammelsbach – dem Ziel unserer Wanderung.

Auch dieser Ausflug ist von Mosbach aus gut mit Bahn und Bus zu bewerkstelligen. Zunächst bringt uns die S-Bahn von Mosbach nach Eberbach, wo vom Bahnhofsvorplatz der Bus 50 nach Beerfelden startet. Etwa 20 Minuten später steigen wir an der Haltestelle »Gammelsbacher Straße« 1 aus. Wir laufen ortswärts Richtung Kirche und gehen an der Kreuzung nach rechts, denn in der Mümlingtalstraße befindet sich der berühmte **Zwölf-Röhren-Brunnen** 2. Zu Recht ein beliebtes Fotomotiv, denn der

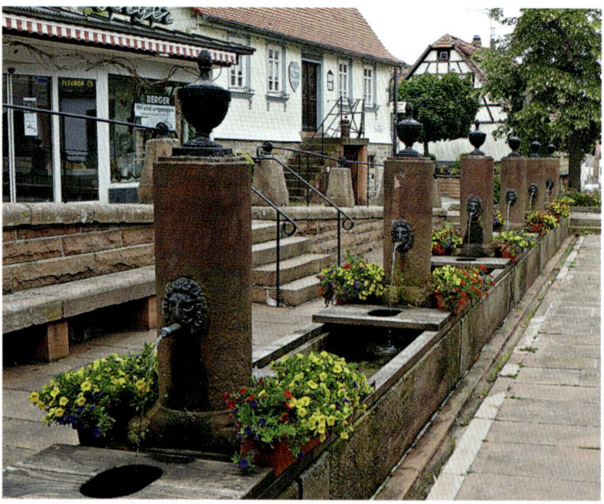

Der Zwölf-Röhren-Brunnen in Beerfelden

Brunnen mit seinen zwölf wasserspeienden Löwenköpfen an den blumengeschmückten Sandsteinsäulen gehört zu den schönsten Deutschlands.

Nach diesem Abstecher laufen wir wieder zurück zur Kreuzung, überqueren die Straße und folgen dem grünen Dreieck nach rechts in die Kirchstraße, vorbei an der **Martinskirche**, und biegen dann nach links in die Geißgasse bzw. in die Airlenbacher Straße, die uns an Feldern vorbei bis zur Richtstätte mit dem **dreischläfrigen Galgen** 3 führt. Ohne den Galgen wäre es ein idyllischer Ort mit schöner Aussicht. Doch der Gedanke, mit welchen drakonischen Strafen hier die Menschen für teilweise nur kleine Vergehen ganz legal ins Jenseits befördert wurden, stimmt doch eher nachdenklich.

Zwölf-Röhren-Brunnen

Ein verheerender Brand legte Beerfelden 1810 in Schutt und Asche. Im Zuge des Wiederaufbaus wurde auch die Brunnenanlage neugestaltet. Aus einem Acht-Röhren-Brunnen wurde der heutige Zwölf-Röhren-Brunnen, der von der Mümlingquelle gespeist wird. Früher herrschte hier reges Leben, denn die Beerfeldener schöpften quasi aus der Quelle, bis 1897/98 Wasserleitungen gelegt wurden. Der Brunnen ist heute das Wahrzeichen der Stadt Beerfelden und wird alljährlich mit einem Brunnenfest gefeiert.

Dreischläfriger Galgen

Der Beerfeldener Galgen ist der einzige noch vollständig erhaltene dreischläfrige Galgen Deutschlands. Er löste das hölzerne Vorgängermodell 1597 ab. Beerfelden war Sitz des Zentgerichtes, so dass dem Henker auf der Richtstätte die Arbeit nicht ausging. Die erhöhte Lage des Platzes sollte den Delinquenten noch einen Abschiedsblick auf diese Welt gönnen. Auf einem im Boden eingelassenen Steinkreuz vor dem Galgen konnten sie die Beichte

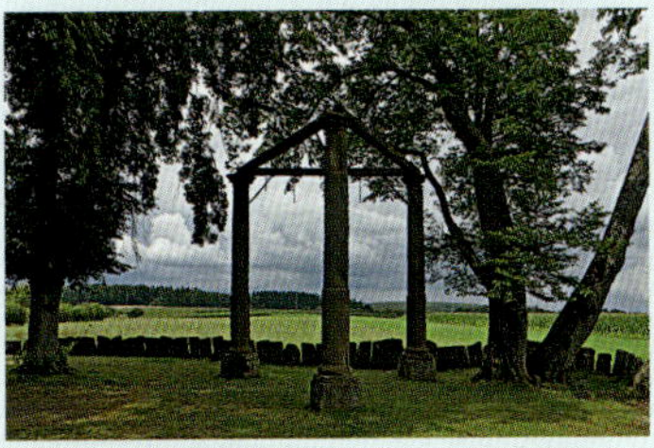

ablegen. Eine »Zigeunerin« war die letzte Verurteilte. Sie musste wegen des Diebstahls von zwei Broten und einem Huhn hier ihr Leben lassen.

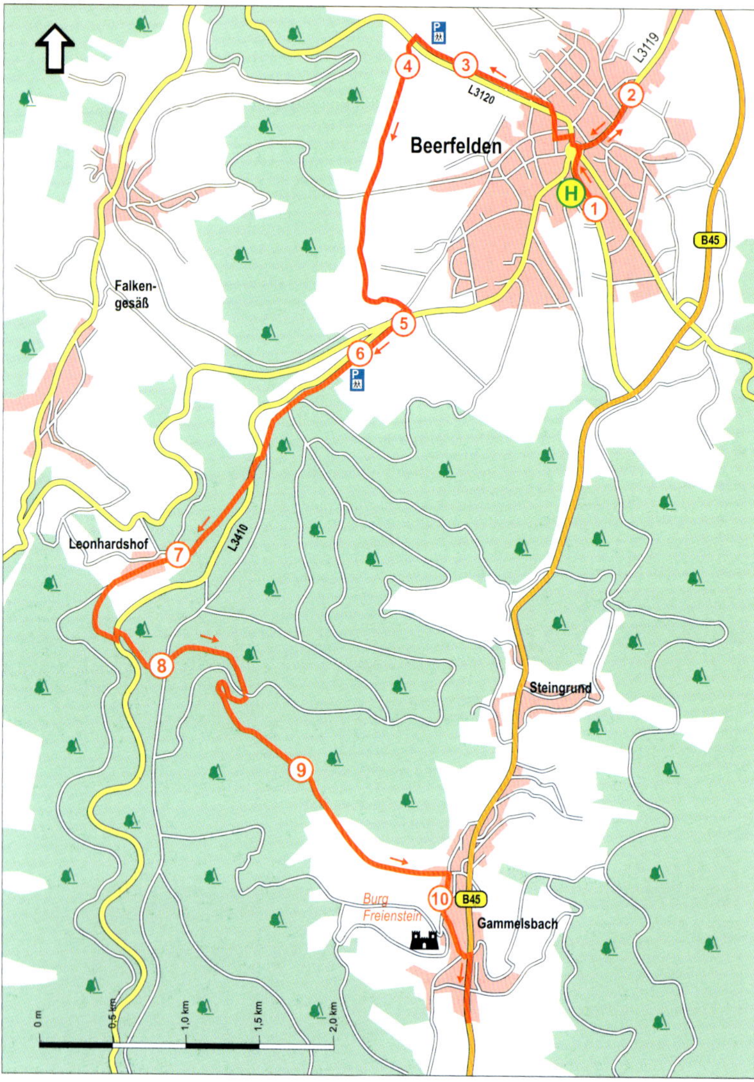

Wir lassen die makabre Stätte hinter uns, überqueren den Parkplatz und laufen ein Stück die Straße entlang, bis an einem Baum die gelbe »2« auftaucht, der wir nach links 4 über die Straße folgen. Wir folgen einem Feldweg immer geradeaus, auch da, wo die »2« nach rechts abbiegt, bleiben wir auf unserem Weg. Wir kommen an einem Wasserbehälter und einem Feld mit Solarkollektoren vorbei. Am Ende des Weges biegen wir nach rechts ab Richtung Straße (L3119) 5, wo wir auf das »blaue Kreuz« stoßen.

Mit dieser Markierung überqueren wir die Straße und gelangen in einen **Ehrenhain** 6 zum Gedenken an die Opfer von drei Kriegen. Danach kreuzen wir wieder eine Straße in Höhe des Parkplatzes Vogelherd. Ein kleiner Pfad parallel zur Straße führt uns mit dem blauen Kreuz und der »5« in den Wald hinein. Wir wandern geradeaus weiter an einer Hütte links von uns vorbei und überqueren einen kleinen Asphaltweg. Die Markierung »S6« und ein Schild »Leonhardshof« weisen uns nun die Richtung. Nach einer weiteren Straßenüberquerung erreichen wir den idyllisch gelegenen Weiler **Leonhardshof** 7. Wer absolute Ruhe in der Natur mit schönen Ausblicken sucht, ist hier genau richtig. Wir machen von der Ortsstraße über einen Grasweg einen kleinen Abstecher nach rechts unten, wo sich die Reste der **Leonhardskapelle** befinden.

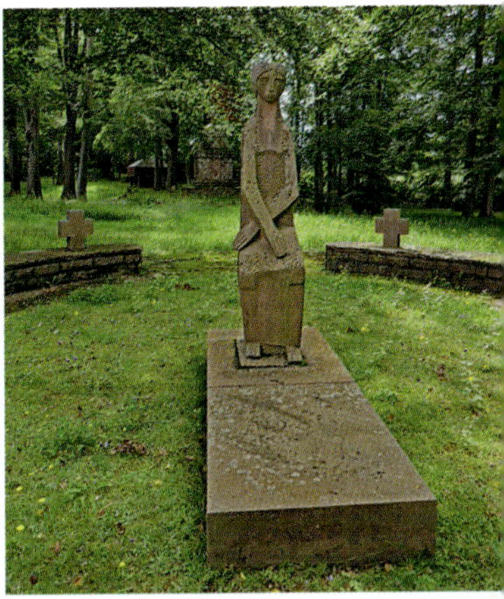

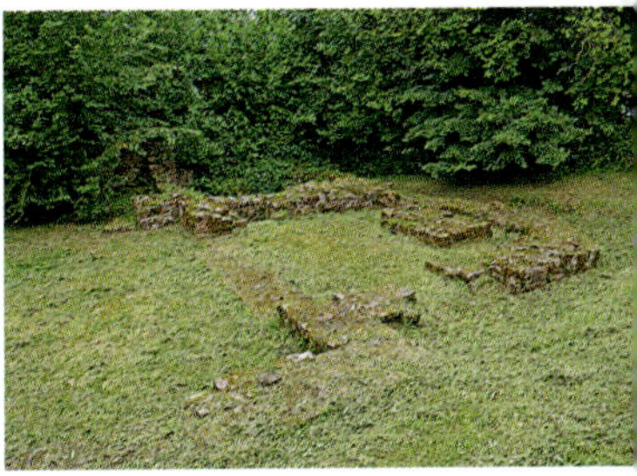

Oben: Am Ehrenhain

Unten: Die Überreste der Leonhardskapelle

Dann verlassen wir den Weiler und folgen kurz darauf »S6« nach links oben. Nach Überqueren einer Straße führen uns die Zeichen »S6« und »5« in den Wald hinein. Wir kommen an dem **Rastplatz Grubers Eiche** 8 links von uns vorbei. An der Weggabelung gehen wir nach rechts

Leonhardskapelle

Einst war die Kapelle aus dem 15. Jahrhundert ein beliebtes Ziel von Wallfahrern, die am Leonhardstag im November mit ihren Pferden hierherkamen, um sie segnen zu lassen. St. Leonhard galt als der Schutzpatron der Tiere, insbesondere der Pferde. Diese wurden dreimal um die Kapelle geführt und an der »wundertätigen« Quelle unterhalb des Kirchleins getränkt. Das sollte ihnen Kraft und Ausdauer verleihen. Nach Beginn der Reformation geriet die Kapelle in Vergessenheit und verfiel. Ihre Mauerreste sind heute noch zu besichtigen, und auch die Quelle sprudelt noch aus dem St. Leonhardsbrunnen.

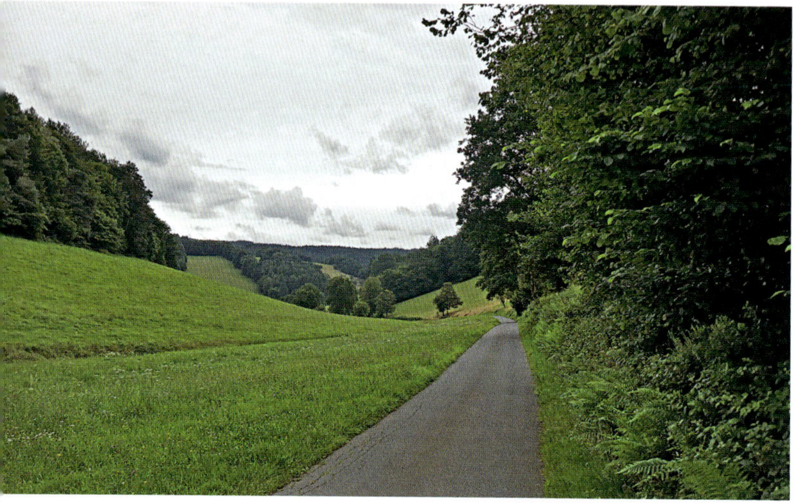

Auf dem Weg nach Gammelsbach

zunächst ohne Markierung, doch kurz darauf zeigt uns »S6«, dass wir uns richtig entschieden haben.

Der Weg führt uns stetig bergab Richtung Gammelsbach. Kleine Unsicherheit, wo der Weg eine große Rechtskurve macht, denn »S6« weist hier auch nach links. Wir bleiben jedoch auf unserem breiten Forstweg, kommen an der **»Alte-Wiese-Hütte«** 9 vorbei, laufen durch einen schönen Wiesengrund und erreichen **Gammelsbach**. Wir biegen nach rechts in die Straße »Am Schlossberg« ab zur **Burg Freienstein** 10, die über dem Ort thront. Von der Haltestelle »Post« an der Durchfahrtsstraße treten wir unseren Rückweg nach Eberbach an.

Burgruine Freienstein

Die als uneinnehmbar geltende Veste wurde Ende des 13. Jahrhunderts vermutlich vom Schenken von Erbach erbaut. Sie sollte die Oberzent Beerfelden nach Süden hin absichern und diente auch dem Schutz der Bevölkerung in Kriegszeiten. Durch die Erfindung des Schießpulvers und durch neue Waffentechniken verlor die Burg ihren Schutz- und Trutzcharakter und diente später nur noch als Herberge für Jagdgesellschaften und Wohnung für gräfliche Beamte und Förster. Nachdem auch diese Nutzung endete, verfiel die Burg zusehends und thront heute als eindrucksvolle Ruine über Gammelsbach.

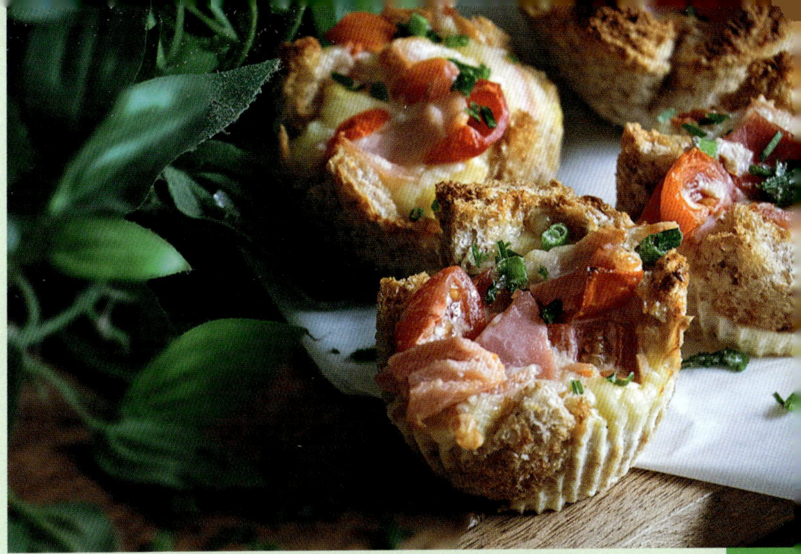

Toast-Törtchen

4 PORTIONEN

12 Toastscheiben
1 Tomate
4 Scheiben gekochter Schinken
4 Eier
100 g Reibkäse
100 ml Sahne
Salz, Pfeffer, Schnittlauch

Backofen auf 180° Ober-/Unterhitze vorheizen. Von den Toastscheiben die Ränder abschneiden, die Scheiben etwas platt rollen und vorsichtig in ein Muffin-Blech drücken. Tomate, Schinken und Schnittlauch kleinschneiden. Eier, Sahne, Pfeffer, Salz, Käse, Schnittlauch, Tomaten und Schinken vermischen und in die Toast-Körbchen füllen. Im Backofen 20 Minuten backen.

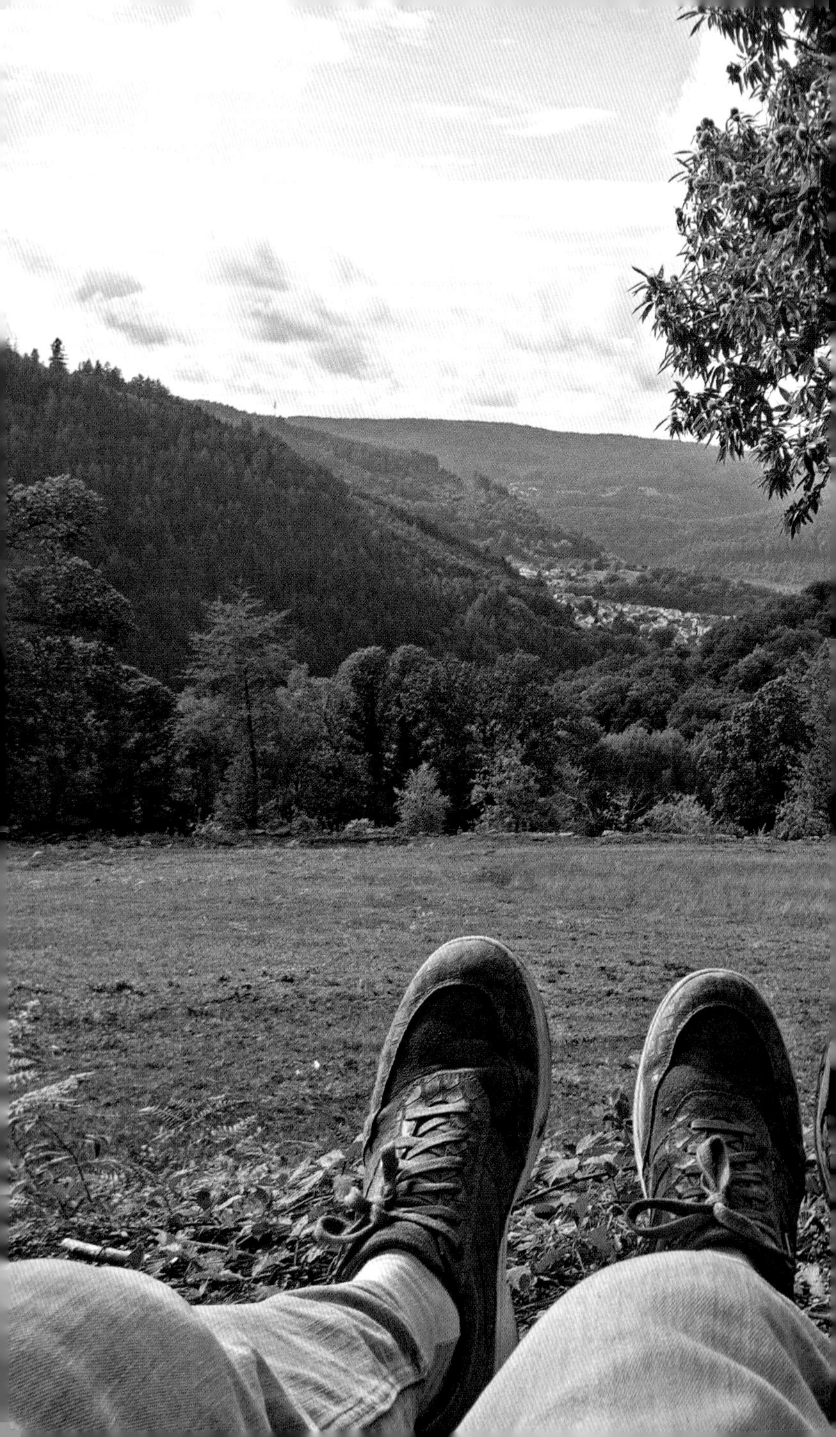

Neckartal

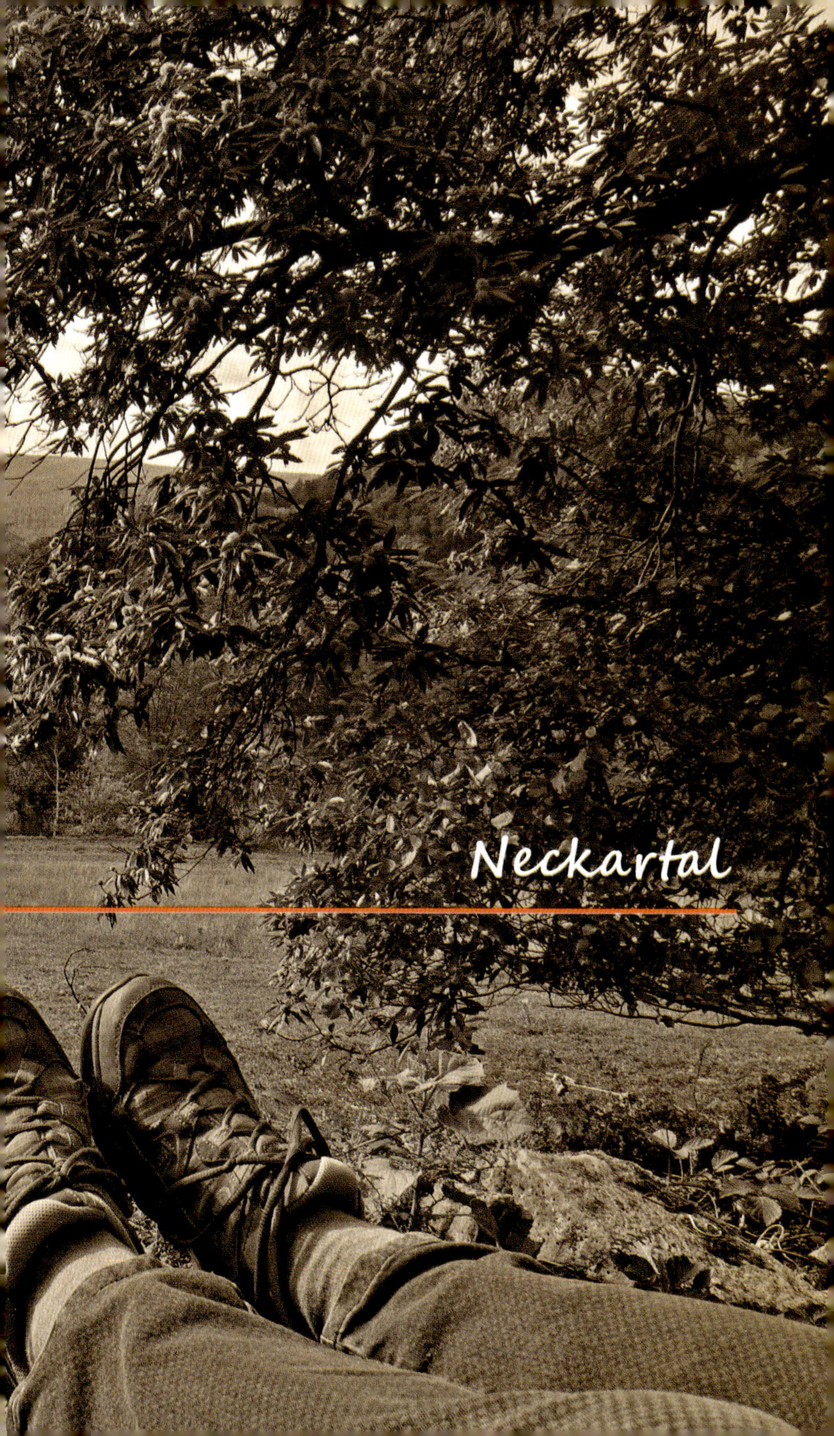

Mit Mark Twain durchs Neckartal

Sein Loblied auf die schöne Landschaft gilt auch heute noch

Da hat er ein bisschen dick aufgetragen, der gute alte Mark Twain, als er seine Floßfahrt von Heilbronn nach Heidelberg beschrieb: vom Sturm, der das Floß bei Hirschhorn zum Kentern bringt, bis zum endgültigen Zerschellen desselben an einem Brückenpfeiler in Heidelberg. Ganz so dramatisch ist seine Fahrt durchs Neckartal wohl nicht ausgefallen – in einem Artikel der Süddeutschen Zeitung wird gar von »Flussgeflunker« gesprochen. Aber Twains Landschaftsbeschreibungen und Beobachtungen in den Städten und Dörfern sind heute noch eine unterhaltsame Lektüre. Ihm haben wir solche schönen Sätze zu verdanken wie »An vielen Stellen ist der Neckar so schmal, dass man einen Hund hinüberwerfen kann, wenn man einen hat…« oder, Bier trinkend und Hühnchen verspeisend während der Floßfahrt: »Es gibt keinen angenehmeren Ort für eine solche Mahlzeit als ein Floß, das den gewundenen Neckar hinabgleitet, an grünen Wiesen und bewaldeten Hügeln, an schlummernden Dörfern und felsigen, mit verfallenden Türmen und Zinnen geschmückten Höhen vorüber«.

Idylle am Neckar

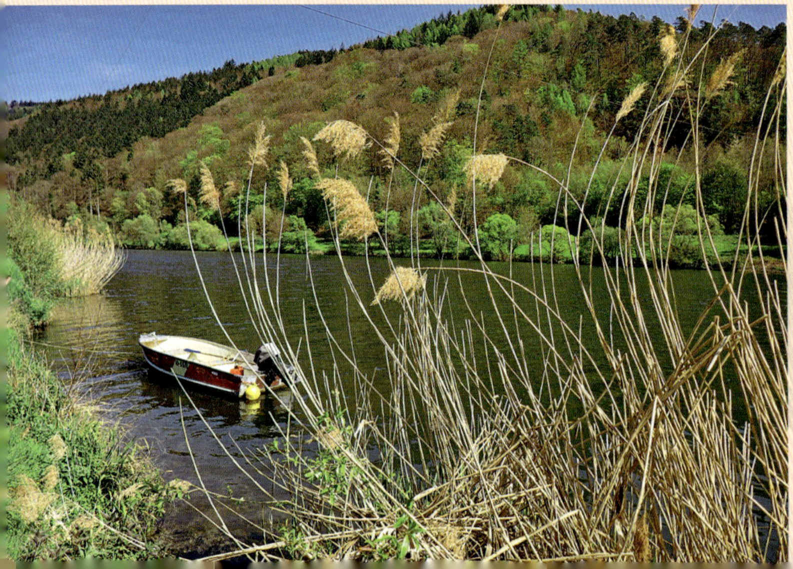

Mit solchen abenteuerlichen Schilderungen unserer Wanderungen, die uns ins Neckartal führten, können wir nicht aufwarten. Schließlich waren wir nicht mit dem Floß, sondern zu Fuß unterwegs. Aber wie Mark Twain die Landschaft beschreibt, ist heute noch gut nachvollziehbar. Nicht umsonst zählt das Neckartal zu den schönsten Flusstälern Deutschlands. Trotz Industrialisierung und guter Erschließung durch Straßen und Bahngleise hat sich diese Landschaft vor allem zwischen Heilbronn und Heidelberg ihren Zauber bewahrt, und ja, sie ist in manchen Abschnitten so romantisch und idyllisch, dass man sich in eine andere Zeit zurückversetzt fühlt.

Dazu tragen auch die zahlreichen Burgen und Schlösser bei, die den Fluss säumen und von geschichtlich bewegten Zeiten erzählen. Auf unseren Wanderungen nahe des Neckars, die wir in den folgenden Kapiteln vorstellen, waren es Burg Guttenberg (Haßmersheim-Neckarmühlbach), Burg Dauchstein (Binau), die Minneburg (Neunkirchen) und das Schloss Neuburg (Obrigheim), die unsere Touren bereicherten und uns die Geschichte unserer Region nahebrachten.

Die alte Stauferburg Guttenberg hat sich als Adlerburg einen Namen gemacht und gehört mit ihren Flugvorführungen zu den touristischen Attraktionen der Region. Eher klein und bescheiden klebt die Burg Dauchstein am Neckarhang bei Binau, aber auch sie schenkt uns eine grandiose Aussicht ins Tal. Und die Minneburg, die sich bei Neckargerach stattlich über den Neckar erhebt, ist ein absolutes Wander-Highlight. Wer von oben ins Neckartal und auf das gegenüberliegende Neckargerach blickt, wird entschädigt für die Mühen des Aufstiegs, und wieder steigt dieses durchaus romantische Gefühl der Dankbarkeit in einem auf, dass man in einer solch schönen Gegend leben darf. Ebenfalls einen Panoramablick bietet Schloss Neuburg, das im burgenromantischen Stil heute als Hotel und Restaurant seine Gäste verwöhnt.

Neben Burgen und Schlössern haben uns auf unseren Wanderungen noch zahlreiche weitere Sehenswürdigkeiten in ihren Bann gezogen. So gehörte zum Beispiel der Jüdische Friedhof Heinsheim für uns mit zu den beeindruckendsten Kulturdenkmalen, die wir bei unseren Ausflügen erlebten. In der Hirschhorner Neckarschleife war die Ersheimer Kapelle eine weitere Station, die uns innehalten ließ. In diesem uralten Kirchlein – das zu den ältesten des

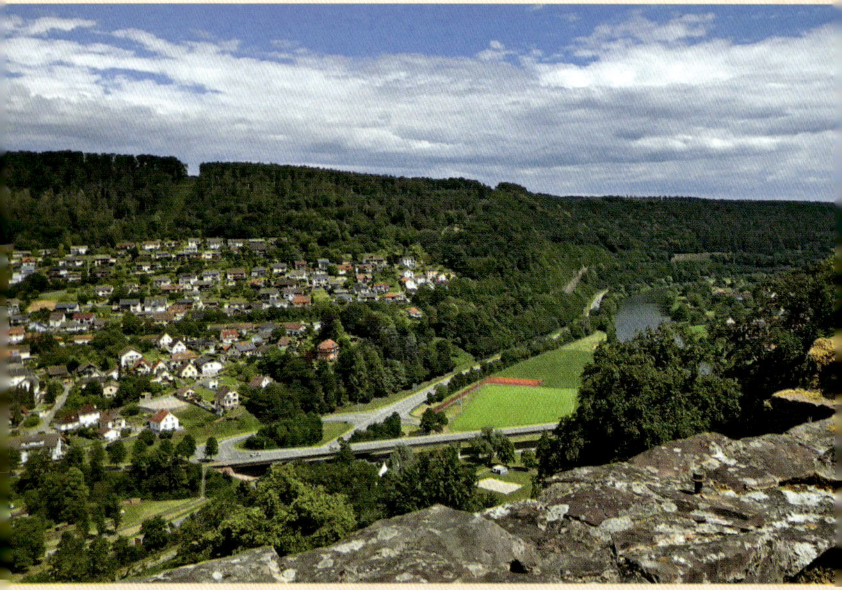

Blick von der Minneburg auf Neckargerach und das Neckartal

Neckartals gehört – konnten wir Wandmalereien aus dem 14. Jahrhundert und die alte Totenleuchte an der Friedhofsmauer mit ihrem seit 600 Jahren flackernden Licht bewundern. Nicht sehr bekannt, dafür umso überraschender die Grabpyramide beim Finkenhof auf unserer Wanderung von Obrigheim nach Neckarzimmern. »Trauernde Enkel« haben sie für ihren Großvater, den Grafen von Helmstatt errichtet. Eine beklemmende Erinnerung an unsere jüngere Vergangenheit erlebten wir ebenfalls auf dieser Tour, die uns am Stolleneingang »Brasse« vorbeiführte. In dem ehemaligen Gipsstollen mussten Zwangsarbeiter und KZ-Häftlinge unter unmenschlichen Bedingungen für die Nazis schuften.

Das gut ausgebaute Wegenetz rechts und links des Neckars macht es dem Wanderer leicht, zu den Aussichtspunkten, Sehenswürdigkeiten und besonders reizvollen Punkten der Landschaft zu gelangen. So führen die Neckarrandwege mit dem gelben »R« links des Neckars und dem roten »R« rechts des Neckars entlang. Und diese »Rs« haben es in sich, wenn sie beispielsweise mit dramatischen Aussichtspunkten wie der Teufelskanzel aufwarten auf unserem Weg von Lindach nach Eberbach. Hier fühlt man sich weniger am Rand als auf der Höhe mit tollem Blick

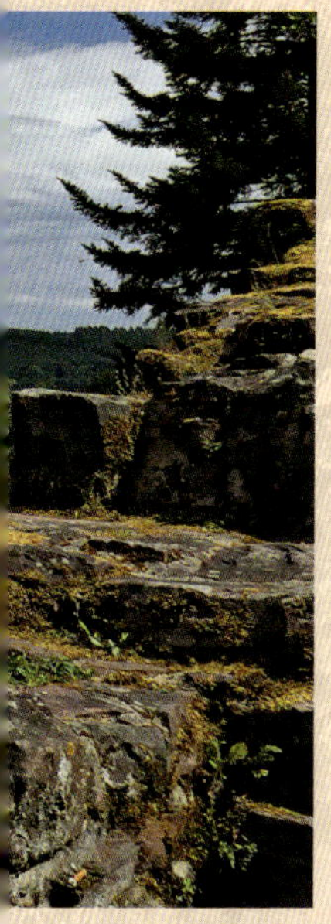

auf den Neckar und die Rockenauer Schleuse. Ebenso sorgt die wenig später folgende Ludwig-Neuer-Hütte am Hang des Scheuerbergs für Weitblick. Wenn man dem Fluss ganz nah kommen will, nutzt man am besten einen der Treidelpfade, die direkt am Neckar entlangführen. Hier plagten sich früher die Treidler oder Schiffszieher ab, welche die Schiffe stromaufwärts ziehen mussten. Heute kann man hier direkt am Ufer gemütlich entlangschlendern, wie beispielsweise beim Binauer Campingplatz. Auch im Neckargeracher Ortsteil Guttenbach gibt es einen schönen Uferweg, der besonders im Frühjahr reizvoll ist, wenn die Obstbäume blühen.

Eine wilde Floßfahrt wie Mark Twain konnten wir zwar nicht hinlegen, aber immerhin hatten wir das Vergnügen, auf einer der letzten Neckarfähren den Fluss zu überqueren. Die kurze Fahrt ist sogar grenzüberschreitend und verbindet den badischen Neckarhäuserhof mit dem hessischen Neckarhausen.

Dass der Neckar nicht immer den Verlauf hatte, wie wir ihn heute kennen, darüber gibt der Eberbacher Themenweg »Pfad der Flussgeschichte« Auskunft. Etliche Umlaufberge, die der Neckar einst umschlungen hat, sind uns als »Zeitzeugen« der erdgeschichtlichen Bewegungen erhalten geblieben. Ein schönes Beispiel dafür ist der Mittelberg bei Neckarkatzenbach, der 2018 zum Geotop des Jahres gewählt wurde. Bei unserer Neckargeracher Rundwanderung hatten wir von allen Seiten einen wunderbaren Blick auf diesen sanft abfallenden Berg, den der Neckar einst geformt hat. Mark Twains Floßfahrt wäre wohl noch dramatischer und vor allem länger ausgefallen, wenn er sie auf dem Ur-Neckar mit seinen zahlreichen Mäandern unternommen hätte. Wahrscheinlich hätte er dann noch vor Heidelberg Schiffbruch erlitten und wäre womöglich am Neckarkatzenbacher Mittelberg hängengeblieben. Jenseits der phantasievollen Ausschmückungen des ehemaligen Mississippi-Lotsen gilt sein Loblied auf das schöne Neckartal jedoch auch heute noch.

Natur und Kultur auf Schritt und Tritt

14

Rundwanderung von Gundelsheim über Burg Guttenberg, Fünf-Mühlen-Tal und den Jüdischen Friedhof Heinsheim

3 Std.
11 km
150 m

Gundelsheim – Burg Guttenberg – Fünf-Mühlen-Tal – Jüdischer Friedhof – Gundelsheim

Gundelsheim, Burg Guttenberg, Fünf-Mühlen-Tal

Auf dieser Wanderung erleben wir, was diese Region so besonders macht. Schritt für Schritt kommen wir nicht nur der Natur, sondern auch der Geschichte unseres Raumes näher. Das Fünf-Mühlen-Tal, die Burg Guttenberg und der Jüdische Friedhof Heinsheim machen diese Tour zu einem spannenden Erlebnis.

Die Stadtbahn S 41 bringt uns zu unserem Ausgangspunkt nach **Gundelsheim** 1. Vom Bahnhof aus überqueren wir über das Brückenbauwerk die Bahnschienen, die Bundesstraße und den Neckar. Nach der Neckarbrücke gehen wir nach links ein Stück die Straße entlang und queren diese dann nach rechts, der roten Raute folgend. Auch der Neckarsteig verläuft hier.

Zunächst geht es an Feldern entlang, dann erreichen wir den Wald und biegen dort nach rechts ab, weiter der roten

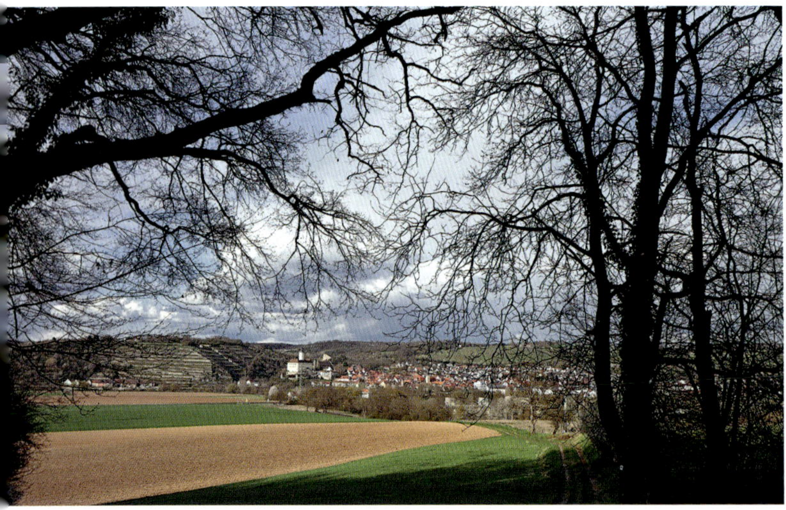

Burg Guttenberg

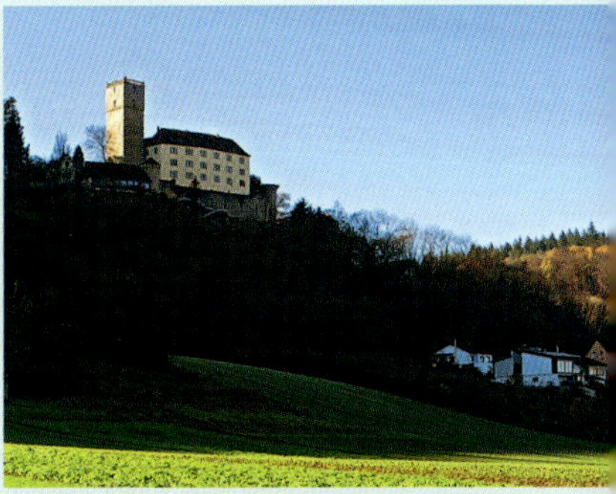

Eine Burg, die nie leer stand: Auf Burg Guttenberg herrschte seit ihrer Gründung um 1180 immer Leben. Wer sie erbaut hat, ist nicht bekannt, doch bis Mitte des 15. Jahrhunderts hatten die Herren von Weinsberg hier ihren Stammsitz. Danach kamen die Freiherren von Gemmingen in den Besitz der Burg, und so ist es bis heute geblieben. Die alte Stauferburg ist auch als Burg der Adler bekannt, denn hier ist der Sitz der deutschen Greifenwarte. Wer Adler, Geier und Uhus im freien Flug erleben möchte, ist hier richtig. Weitere Attraktionen sind das Burgmuseum mit seiner preisgekrönten Ausstellung und die Burgschenke, in der man ein deftiges Rittermahl genießen kann.

Raute nach. Nach dem Waldstück erreichen wir die Straße, die uns direkt zur **Burg Guttenberg** ❷ führt. Das alte Gemäuer aus der Stauferzeit mit 800-jähriger Geschichte wurde noch nie zerstört und zählt zu einer der beliebtesten Sehenswürdigkeiten unserer Region. Weithin bekannt sind die spektakulären **Flugvorführungen** mit Greifvögeln und Uhus. Und spektakulär ist auch der Blick von der Aussichtsterrasse auf das gegenüberlegende Gundelsheim mit seinem Schloss Horneck.

Nach diesem Ausflug ins Mittelalter zieht es uns weiter und zwar talwärts ins **Fünf-Mühlen-Tal** ❸. Der Wegweiser findet sich im Eingangsbereich zur Burg. Die rote Raute führt uns hinunter zum **Mühlbach**, und wir genießen diesen Weg durch das verträumte, waldumsäumte Tal. Vorbei an den Mühlen, schnatternden Gänsen und friedlich in der Wiese lagerndem Damwild kommen wir uns vor wie aus der Zeit gefallen.

Linke Seite: In der Ferne erhebt sich Schloss Horneck über Gundelsheim.

Unten: Damwild im Fünf-Mühlen-Tal

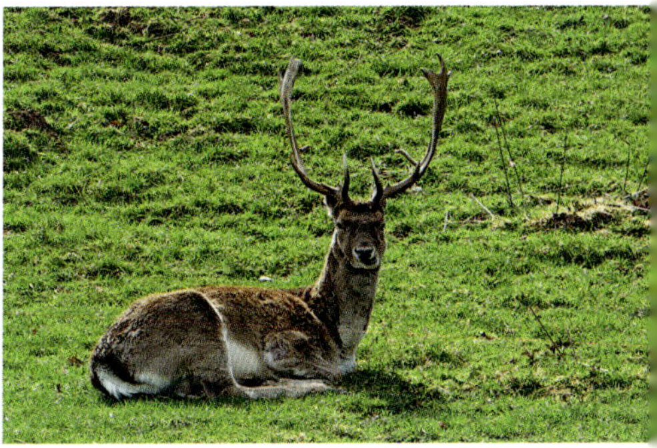

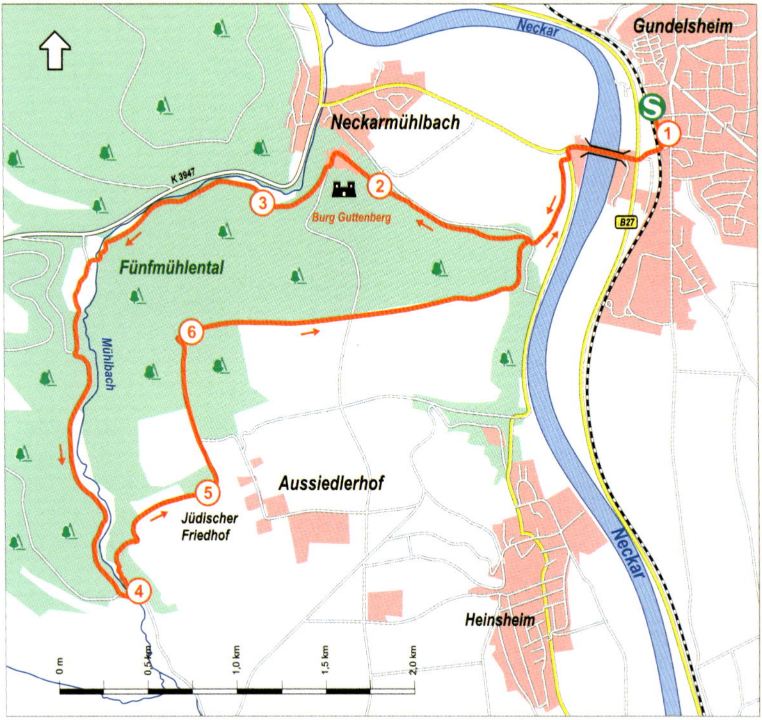

INFOS

Wander- und Radwanderkarte 21: Neckartal-Stauferland, 1:20000

GPS 49.282998/ 9.158430

Stadtbahn S 41: Mosbach – Gundelsheim

Rechts: Durch den Wald zum jüdischen Friedhof

Doch Träumen und Wandern passen nicht gut zusammen, denn fast wären wir vom rechten Weg abgekommen. An der Kläranlage Bad Rappenau kommt eine kleine Brücke über den Mühlbach, nach der wir scharf nach links auf den V-Weg 4 abbiegen müssen. Wieder ein neues Naturerlebnis: Wir durchqueren einen Bannwald, einen »Wald, der sich ungestört zu einem Urwald von morgen« entwickeln soll, wie uns ein Schild verrät. Vor herabfallenden Ästen und umstürzenden Bäumen wird gewarnt.

Wir kommen ungeschoren davon, laufen über eine alte Holzbrücke immer bergauf und erreichen schließlich den **jüdischen Friedhof** 5 – einer der ältesten und am besten erhaltenen Judenfriedhöfe Deutschlands. Diese ehrfurchtgebietende Stätte ist von einer Steinmauer umgeben und nur nach Absprache zu besichtigen. Doch auch beim Blick über die Mauer kann man die Vielfalt der historischen Grabsteine erkennen.

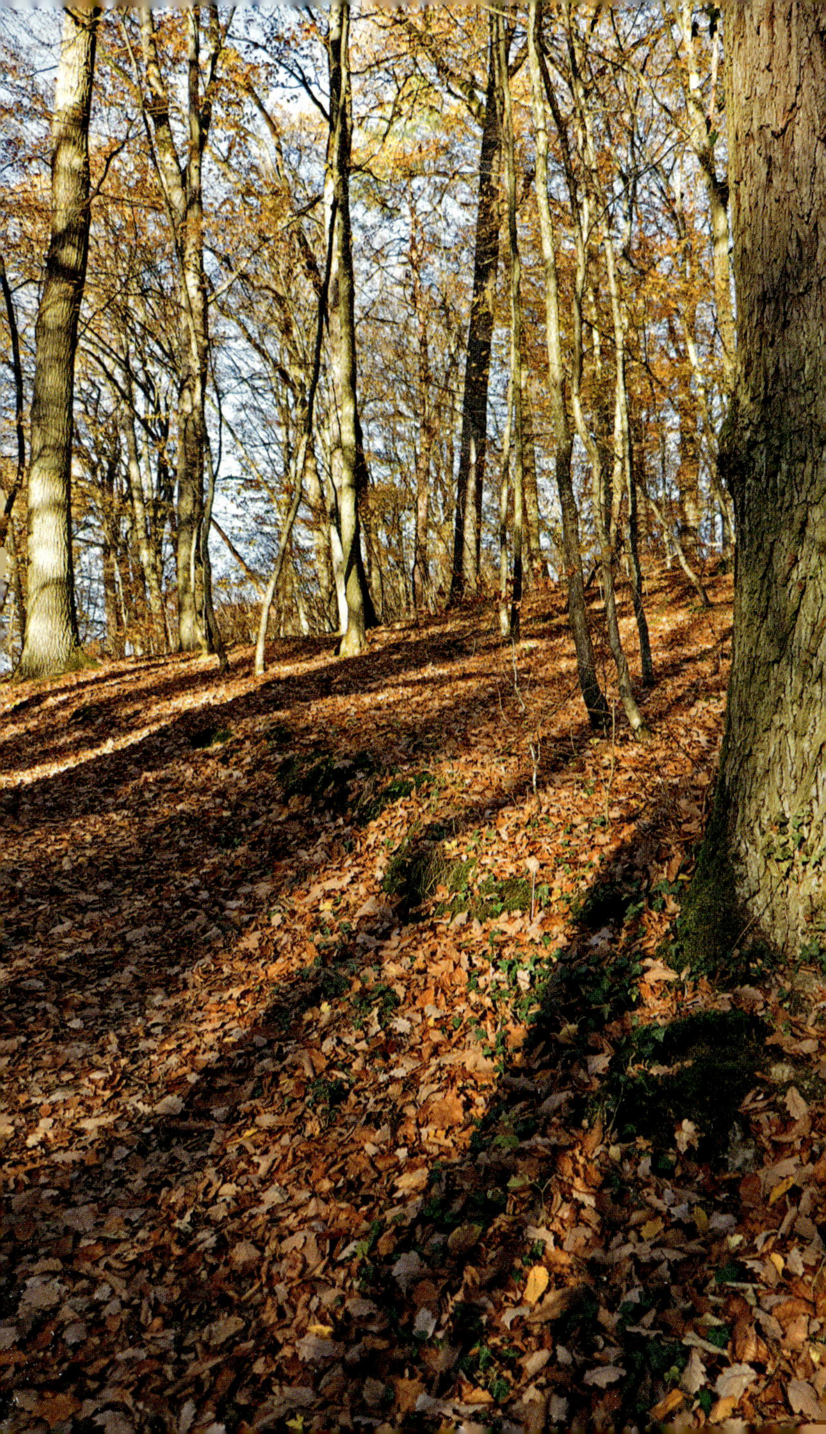

Jüdischer Friedhof Heinsheim

Der jüdische Friedhof Heinsheim zählt zu den größten Verbandsfriedhöfen in Südwestdeutschland. Hier fanden die Verstorbenen aus 25 jüdischen Gemeinden vom 16. Jahrhundert bis 1937 ihr letzte Ruhe. Über 1000 kunstvoll gestaltete Grabsteine aus fünf Jahrhunderten finden sich hier, der älteste stammt von 1598. Aufgrund glücklicher Umstände blieb der Friedhof vom Naziterror verschont. In den 50er-Jahren wurden gegen die drohende Verwilderung die Grabsteine freigelegt und Bäume gepflanzt, so dass die Anlage heute einen parkähnlichen Charakter hat.

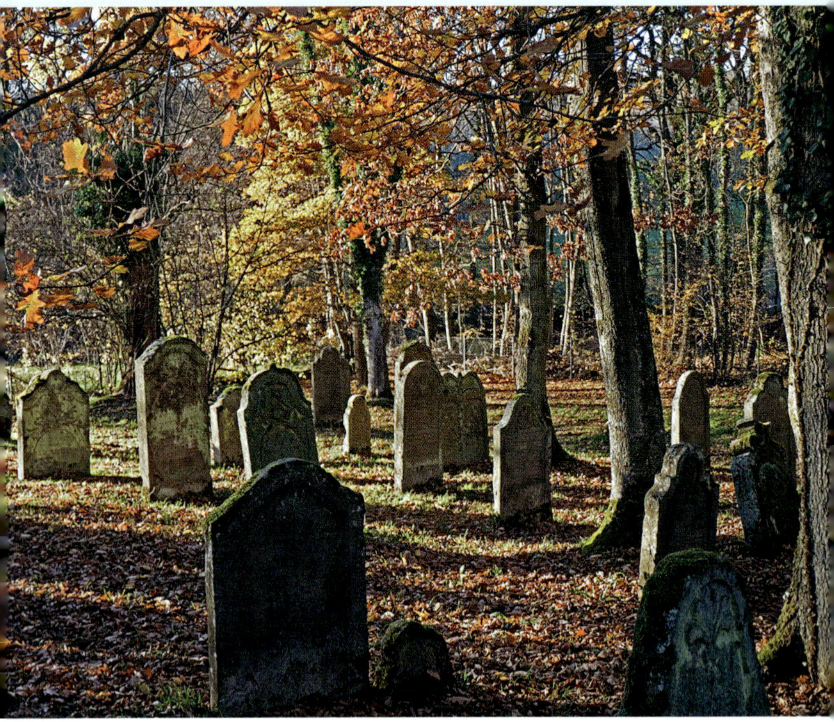

Wir laufen am Friedhof vorbei und wenden uns dann nach links Richtung Wald mit der Markierung »V« und Neckarsteig. Im Wald biegen wir an einer Kreuzung mit dem »V« 6 nach rechts ab, folgen der Markierung weiter, bis am Ende des Weges nach rechts unten wieder das Neckarsteig-Zeichen auftaucht. Dieser Weg führt uns zurück nach Gundelsheim zum Bahnhof.

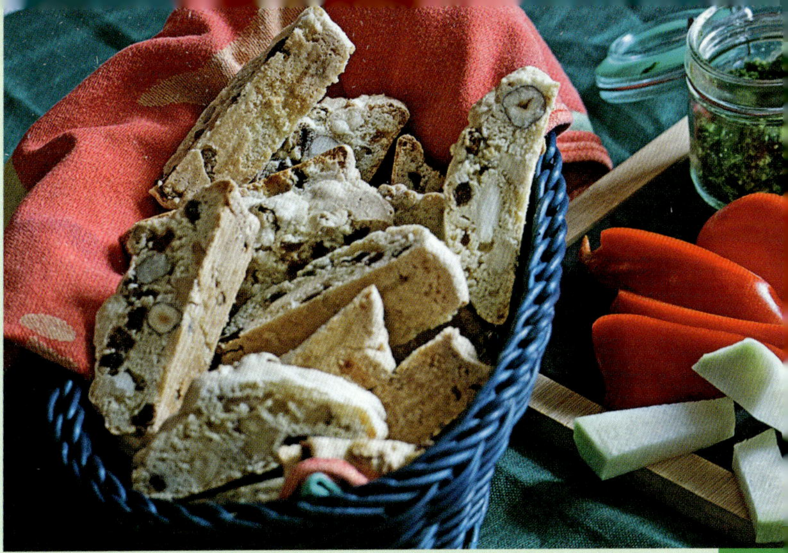

Cantuccini mit Studentenfutter

200g Zucker
2 Eier
200 g Mehl
200 g Studentenfutter

Zucker und Eier schaumig schlagen, nach und nach das Mehl unterrühren. Zuletzt das Studentenfutter unterheben.
Den Teig in 2 Portionen teilen und mit bemehlten Händen jede Teigportion zu länglichen, etwa 5 cm breiten Broten formen.

Im vorgeheizten Backofen (Umluft 160°/ Ober- bzw. Unterhitze 180°) auf Backpapier etwa 20 Minuten backen. Etwa 10 Minuten abkühlen lassen, in 1,5 cm breite Stücke schneiden und mit den Schnittflächen wieder auf das Backblech im ausgeschalteten Backofen geben. Entnehmen, wenn der Backofen vollständig abgekühlt ist.

Wanderung vor wechselnden Kulissen

15

Von den Gundelsheimer Weinbergen bis ins Jagsttal nach Bad Friedrichshall

3½ Std.
13,4 km
120 m

Gundelsheim – Weinberge – Bachenau – Tiefenbachtal – Jagsttal

Gundelsheim, Bad Friedrichshall

Ständig wechselnde Landschaftskulissen sind der Clou dieser Wanderung: Über die Weinberge bei Gundelsheim mit spektakulärem Burgenblick geht es durch ein verwunschenes Bachtal bis zum sich weit öffnenden Jagsttal.

Das gelbe »Stadtbähnle« bringt uns vom Bahnhof Mosbach nach **Gundelsheim** 1. Das Wetter meint es gut mit uns: Blauer Himmel und passend dazu der blau blühende Ehrenpreis am Bahnsteig machen Wanderlaune. Wir durchqueren die Unterführung, wenden uns nach links und biegen dann nach rechts in die Bahnhofstraße, der roten Raute folgend. Nach ein paar Metern wenden wir uns wieder links und gehen die Heilbronner Straße bis zum Kreisverkehr. Dort nehmen wir geradeaus die Tiefenbacher Straße, von der wir kurz darauf nach rechts in die Panoramastraße gehen. Von dort biegen wir nach rechts in die Kolpingstraße ab und gleich darauf nach links in den Weinbergweg, der uns in die **Weinberge** 2 führt. Der ansteigende Weg schenkt uns herrliche Ausblicke auf **Burg Guttenberg** und **Schloss Horneck.** Wir orientieren uns am Blauen Punkt des Schwäbischen Albvereins, der manchmal

Hier wächst der Gundelsheimer Wein.

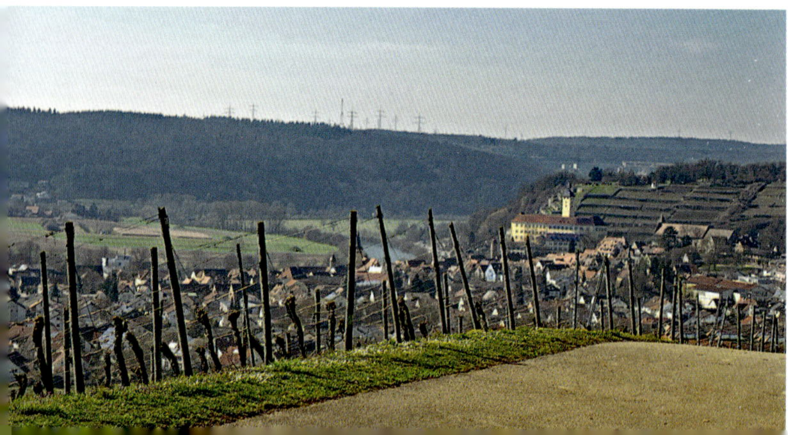

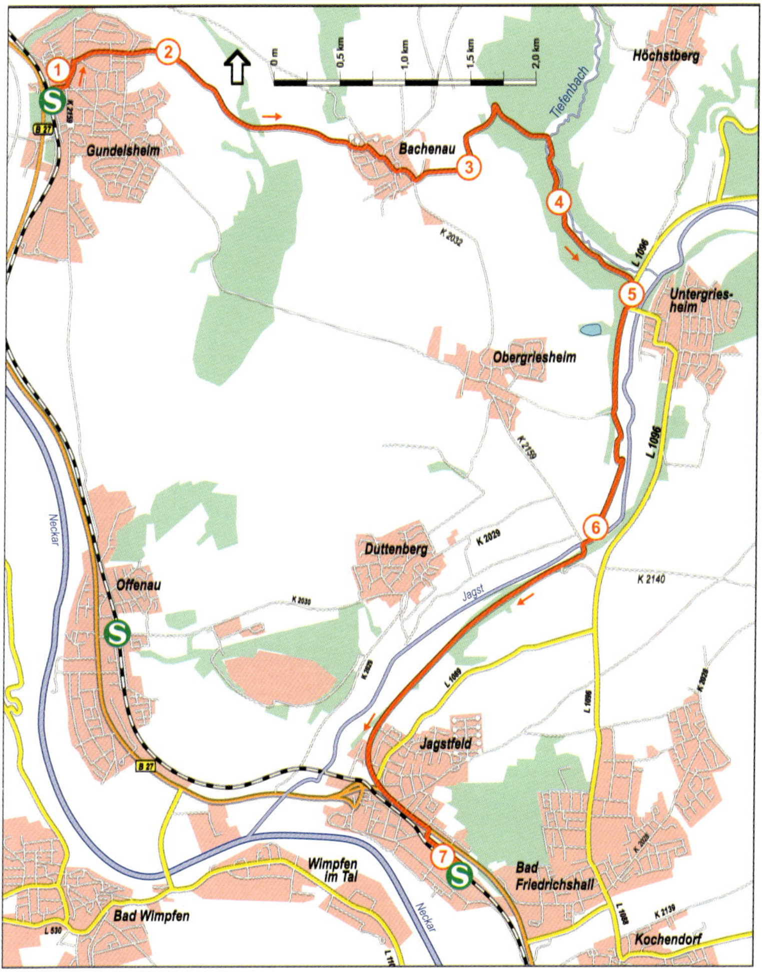

schlecht zu sehen ist – an einer Wegkreuzung z. B., wo wir zunächst geradeaus weiterlaufen.

Der Asphaltweg führt uns über Felder nach **Bachenau.** Hier biegen wir nach rechts ins Wohngebiet ab, dann nach links in die Bischof-Kühner-Straße, an deren Ende wir nach rechts die Horneckstraße nehmen, bis wir die Hauptstraße erreichen. Am Ende der Hauptstraße geht es nach links in den Bruckäckerweg. Kurz darauf wenden wir uns nach rechts in die Felder.

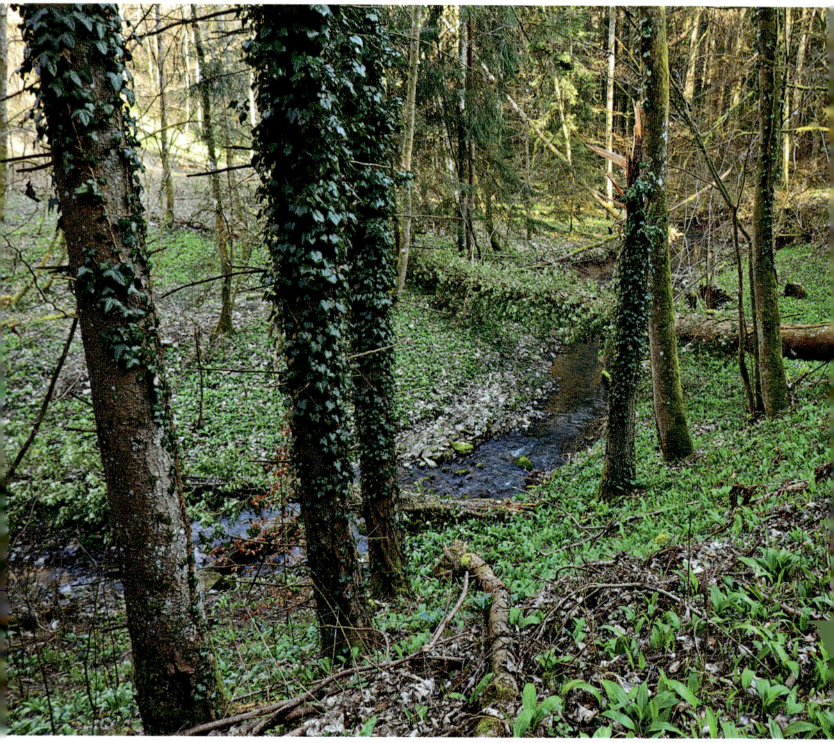

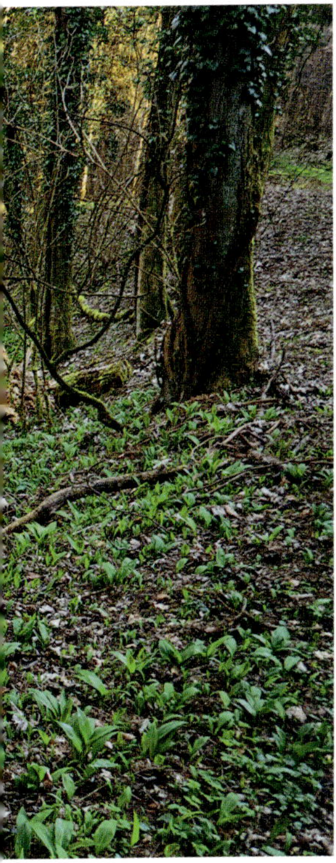

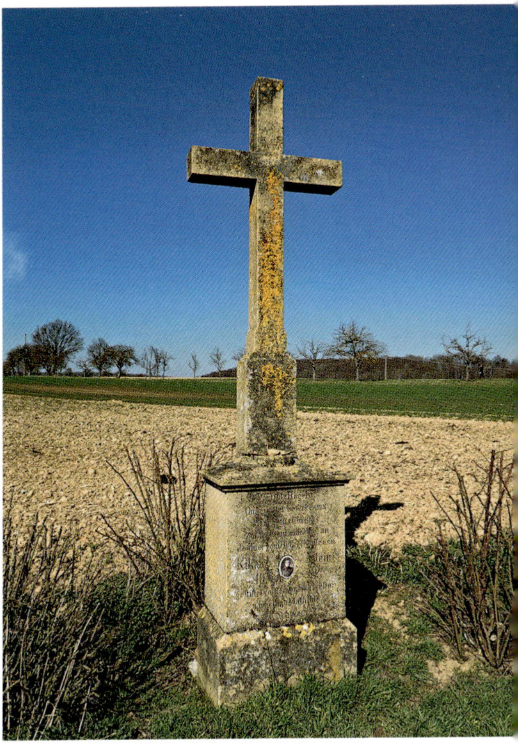

Links: Urwüchsiges Tiefenbachtal

Oben: Dieser Bildstock erinnert an das Opfer eines Blitzschlags.

An einer Wegkreuzung biegen wir nach links 3 ab und dann gleich wieder rechts Richtung Wald an einem Bildstock vorbei (bis hier ohne Markierung). Am Waldeingang überqueren wir eine kleine Brücke. Hier heißt es aufpassen, denn unmittelbar nach dem Bach müssen wir gleich nach rechts auf einen kleinen Pfad einbiegen. Der blaue Punkt an einem Baum ist kaum zu sehen. Der wildromantische **Urwaldpfad** führt uns durch eine tiefe Schlucht bis zu einem breiten Waldweg. Wir gehen nach rechts und mit dem blauen Kreuz gleich wieder nach links hinunter ins **Tal des Tiefenbachs** 4. An diese Markierung halten wir uns nun. Vorbei an einem kleinen Wasserfall genießen wir das naturnahe Tiefenbachtal, der Bach plätschert links von uns, und wir kommen ihm mal nahe oder entfernen uns von ihm.

Mit dem blauen Kreuz erreichen wir die L1096 5, überqueren diese und folgen nun den **Kocher-Jagst-Radweg**

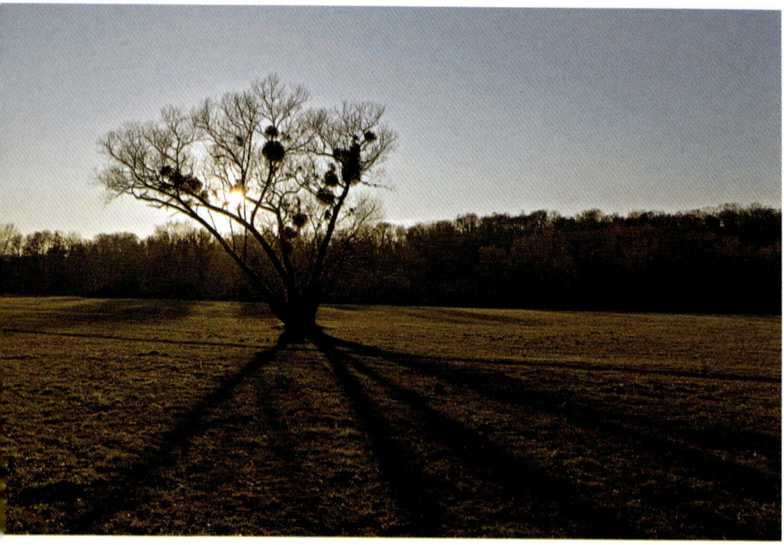

Mit Misteln »dekoriert«: Baum im Jagsttal

nach rechts. Die Landschaft hat jetzt einen gänzlich anderen Charakter. Die Weite des Jagsttals nimmt uns auf, wir laufen unter der Brücke bei Untergriesheim hindurch, kommen an der historischen **Heuchlinger Mühle** und dem **Heuchlinger Schloss** vorbei und wechseln dann über die **Jagstbrücke** 6 auf die andere Seite des Flusses. Wir folgen dem blauen Kreuz bis zum Bahnhof von Bad Friedrichshall 7, wo wir in den Zug steigen, der uns nach Mosbach zurückbringt.

INFOS

Wanderkarte W 212: Künzelsau, Unteres Jagst- und Kochertal, 1:25000, Schwäbischer Albverein

GPS 49.282998/ 9.158430

Stadtbahn S 41: Bhf. Mosbach – Gundelsheim (Stundentakt)

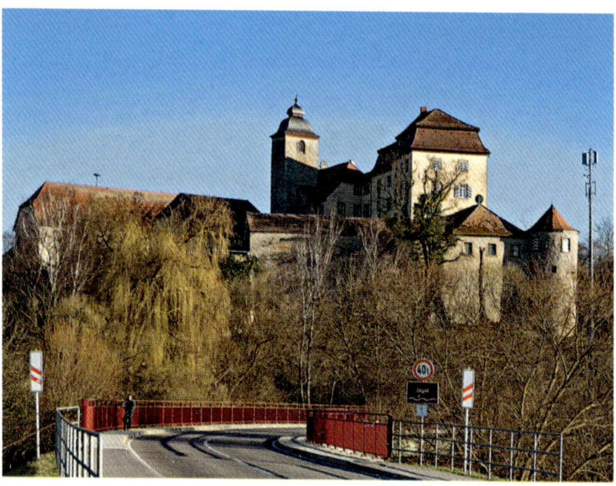

Das Heuchlinger Schloss

16

Auf den Spuren der Vergangenheit

Wanderung von Obrigheim über Hochhausen nach Neckarzimmern

Diese besonders erlebnisreiche Wanderung birgt einige Überraschungen: Ein düsterer Stolleneingang, eine gut getarnte Pyramide und eine Königstochter namens Notburga spielen dabei eine Rolle.

3 Std.
10,7 km
210 m

Obrigheim – Schloss Neuburg – Stolleneingang – Finkenhof – Grabpyramide – Hochhausen – Neckarzimmern

Obrigheim, Neckarzimmern

Der Bus 828 bringt uns vom Busbahnhof Mosbach nach Obrigheim Haltestelle »Neckarbrücke« 1. Wir biegen nach links in die Hochhäuser Straße und danach nach rechts oben in die Schlossstraße, die uns zum ersten Highlight der Wanderung, dem **Schloss Neuburg** 2 führt, einer Burg aus dem 14. Jahrhundert mit wechselvoller Geschichte. Auf dem Weg dorthin haben wir bereits einen Panoramablick auf den Neckar, Schreckhof, Diedesheim, Neckarelz und Teile von Binau.

Am Schloss geht es nach rechts in den Wald hinein (Markierung »R« und »6«). Bei nächster Gelegenheit biegen wir nach links ab, dem gelben R folgend. Ein kleiner

Schloss Neuburg

Die Anfänge der Burg gehen bis ins Jahr 1384 zurück. Über die Jahrhunderte wechselten ständig die Besitzer, bis sie im 18. Jahrhundert einem Obrigheimer Landwirt als Erbbestandsgut überlassen wurde. 1845 erwarb Graf Karl Wenzeslaus von Leiningen-Billigheim die Anlage und gab ihr nach Umbauten zu einem Schloss ihr heutiges Aussehen im Stil der Burgenromantik. Es gab lange Leerstände, bis die NSDAP das Schloss als Kreisschulungsburg nutzte. Seit 1959 wird Schloss Neuburg als Hotel und Restaurant genutzt.

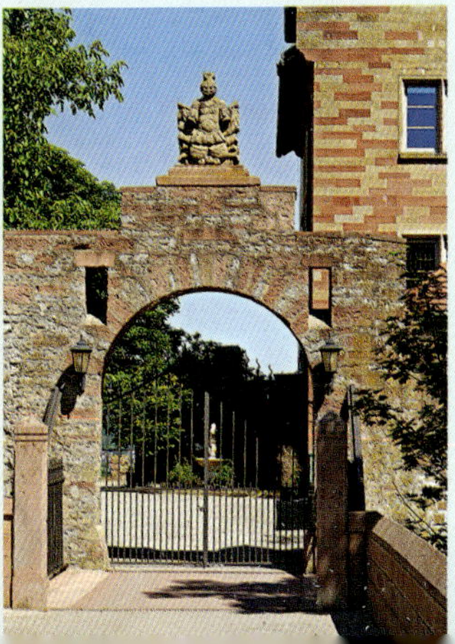

Geschichtslehrpfad Goldfisch

Der 2,5 km lange Lehrpfad am Obrigheimer Karlsberg informiert an zehn Stationen über das Rüstungsverlagerungsprojekt »Goldfisch«. Die Gipsgruben am Neckar wurden in den letzten Kriegsjahren beschlagnahmt, um dort das Flugzeugmotorenwerk von Daimler-Benz, vor Luftangriffen geschützt, auszulagern. Die lang verschwiegene Geschichte dieses Ortes und das Leid der Zwangsarbeiter wurden durch den Verein KZ-Gedenkstätte wieder an die Öffentlichkeit gebracht.

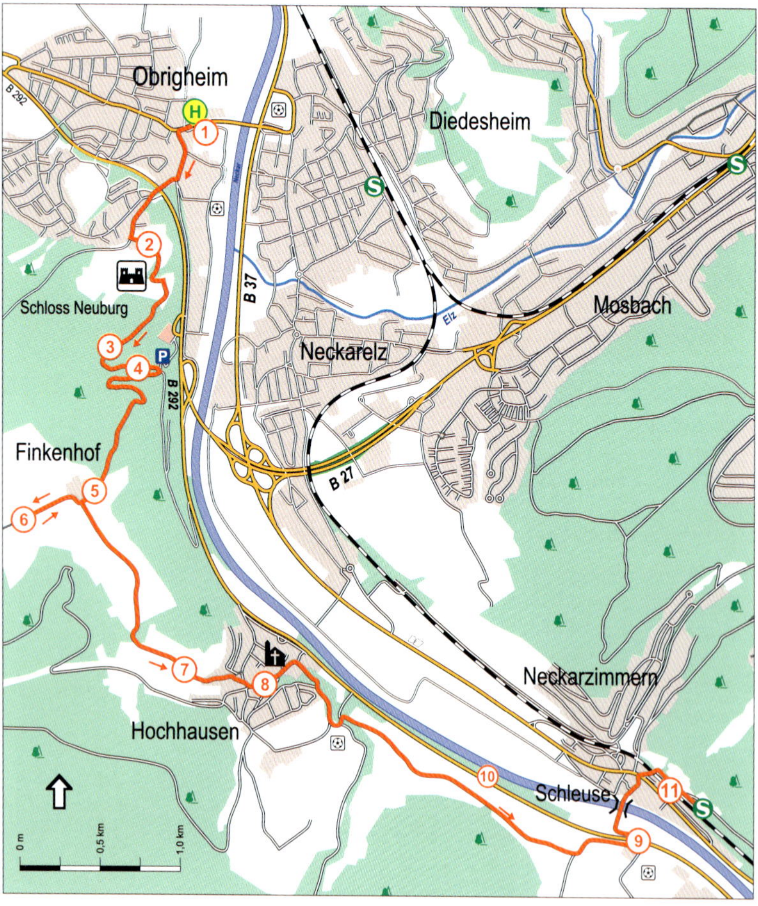

Pfad führt uns durch einen urwüchsigen Wald. Unten angekommen, schlägt uns feucht-kühle Luft vom **Stolleneingang »Brasse«** 3 entgegen. In dem ehemaligen Gipsstollen ließen die Nazis gegen Ende des Zweiten Weltkrieges Tausende von Zwangsarbeitern und KZ-Häftlingen für den Bau von Flugzeugmotoren unter unsäglichen Bedingungen schuften. Noch immer geht von diesem Ort eine beklemmende Atmosphäre aus. Wir kreuzen den **Geschichtslehrpfad »Goldfisch«**, der über dieses Thema weitergehend informiert, und folgen weiter »R 6« durch eine tief eingeschnittene Schlucht.

Über den Karlsbergweg erreichen wir den Parkplatz Karlsberg 4 und wandern dort mit den Markierungen »1, 2, 6 und R« in einer scharfen Rechtskurve nach rechts in Serpentinen den Berg hinauf. Wir verlassen nun den Wald und erreichen den **Finkenhof** 5, einen historischen Gutshof. Hier machen wir einen Abstecher nach rechts und gelangen zu einer im Dickicht gut versteckten **Grabpyramide** 6 links des Wegs. Ein kleiner Graben umgibt das Monument von 1844 und eine Inschrift tut kund, dass damit »trauernde Enkel« ihres »lieben Großvaters«, des Grafen von Helmstatt, gedenken. Gemeint ist Graf Franz Ludwig von Helmstatt, der 1752 in Hochhausen geboren wurde und ab 1812 Besitzer des Finkenhofs war. Im Gegensatz zum versteckten Grabmal liegt die Landschaft offen vor uns, und der Blick kann über die Odenwälder Berge bis zum Katzenbuckel schweifen.

Zurück zum Finkenhof, gehen wir nun abwärts, den Hof hinter uns lassend, und folgen weiter dem Karlsbergweg. An einer Wegkreuzung laufen wir geradeaus weiter in den Wald hinein, kurz darauf geht es links immer »R« folgend abwärts durch die ehemaligen **Hochhausener Weinberge** 7, heute ein Naturschutzgebiet. Sehr steile Hänge und Reste von Trockenmauern begleiten uns bis nach Hochhausen.

INFOS

Wander- und Radwanderkarte 18: Südlicher Odenwald, Bauland, 1:20 000

GPS 49.352587 / 9.099837

Bus 833: Mosbach Busbahnhof – Obrigheim

Links: Grabpyramide am Finkenhof

Rechts: Alte Weinbergtreppe bei Hochhausen

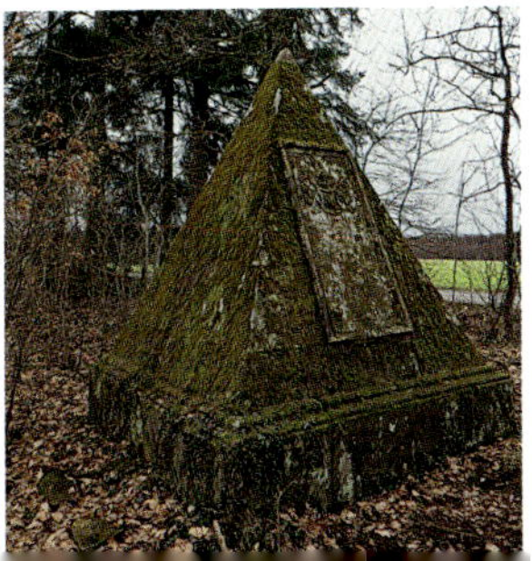

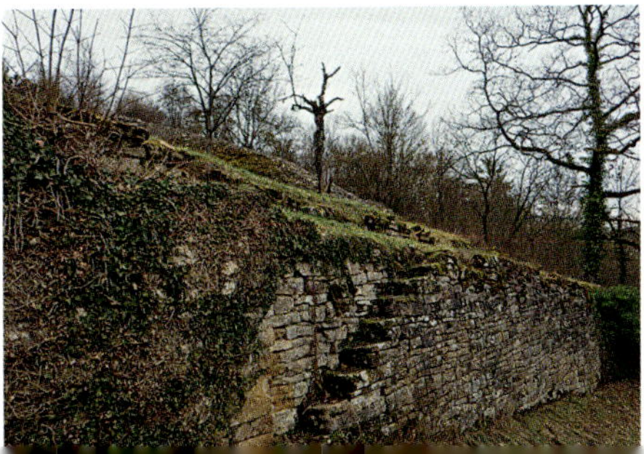

Die Notburgasage

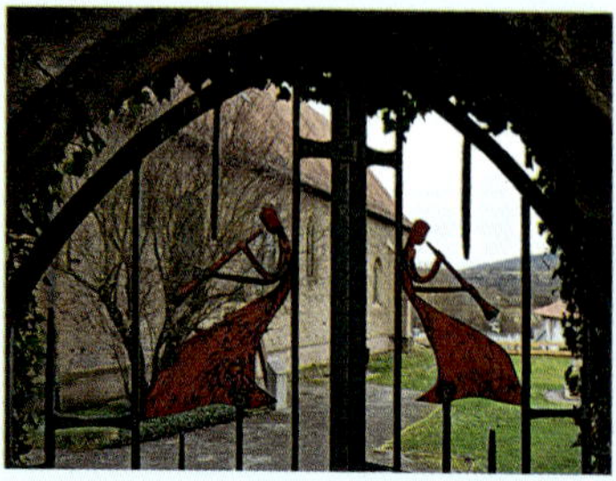

Eine Geschichte, die sich an Dramatik kaum überbieten lässt: Notburga, die fromme und schöne Tochter des Frankenkönigs Dagobert von der Burg Hornberg, soll mit einem heidnischen Fürsten verheiratet werden. In ihrer Not entflieht die Jungfer auf dem Rücken einer Hirschkuh ans andere Neckarufer, wo sie sich in einer Höhle verbirgt. Eine Weile geht alles gut, das treue Tier versorgt Notburga mit Nahrung, eine Quelle stillt ihren Durst. Doch der Vater stöbert sie in ihrem Versteck auf und will sie mit Gewalt zurück in die Burg bringen. Dabei reißt er ihr sogar einen Arm aus. Erschrocken lässt er von ihr ab und überlässt seine Tochter nun ihrem Schicksal. Doch Notburga überlebt mithilfe eines Kräutleins, das ihr eine Schlange bringt, und dank ihres starken Glaubens. Sie wird fortan als Heilige verehrt und ihre Grotte wird zum Wallfahrtsort. Über ihrem Grab wurde die Kirche von Hochhausen gebaut.

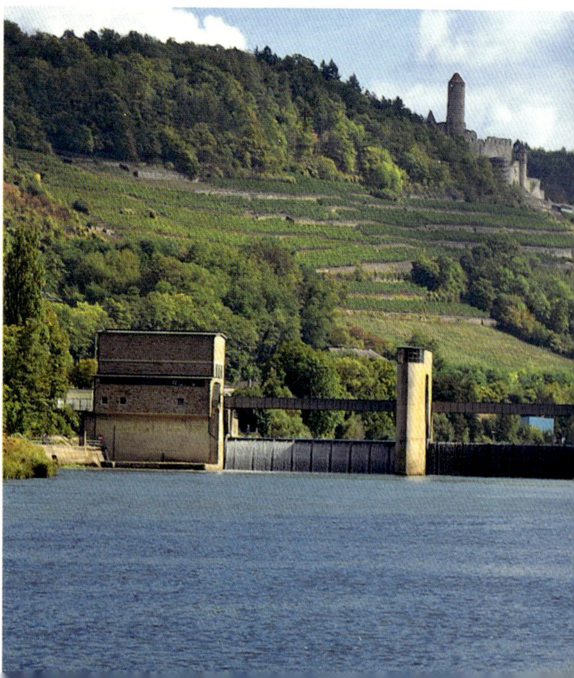

Über die Straßen »Im Wingert« und Räppelstraße biegen wir nach links in die Hauptstraße, die uns zur **Notburgakirche** 8 führt, deren Ursprünge bis ins 10. Jahrhundert zurückreichen. Hier liegt auch die Ortsheilige Notburga begraben. An der Kirche geht es weiter mit »R« nach rechts oben, dann links am Friedhof vorbei. Nach dem Kleintierzuchtverein führt ein Weg nach rechts oben, wir überqueren den Erlenbach, laufen weiter auf dem Radweg geradeaus und verlassen die Markierung »R«. Weiter geht es auf dem Radweg, der uns in einer Linkskurve bis zur L588 leitet, an der wir ein Stück nach rechts entlang gehen, ehe wir die Straße in Höhe der Schleuse **Neckarzimmern** 9 überqueren.

Von hier haben wir einen schönen Blick auf die Burg Hornberg. Auf dem Wehrsteg kann man am linken Hochufer einen Blick auf die **Notburgahöhle** 10 erhaschen. Einen Fußweg zur Höhle entlang des Neckars gibt es leider nicht, sie ist nur erreichbar vom an der Straße gelegenen Parkplatz aus. Wir überqueren den Steg, der uns nach Neckarzimmern führt und folgen der Beschilderung nach rechts zum Bahnhof 11.

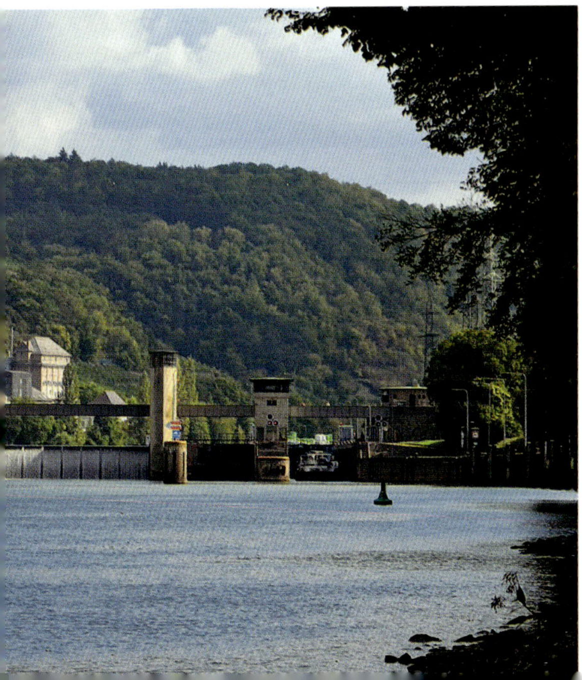

Blick auf die Neckarzimmerner Schleuse und Burg Hornberg

Von Obstbauern, Zolleintreibern und Schiffsziehern 17

Rundwanderung um Binau

3 Std.
9 km
110 m

S-Bahnstation Binau – Apfelgarten – Burg Dauchstein – Treidelpfad am Neckar – Aussichtspunkt Binauer Höhe – Binau

Binau

Diese Wanderung rund um Binau hat einiges zu bieten: Wir laufen einen alten Treidelpfad direkt am Neckar entlang, kommen an einer gut versteckten Burg vorbei und entdecken alte Apfelsorten im Binauer Apfelgarten. Wer das Auf und Ab dieser Tour nicht scheut, wird mit grandiosen Ausblicken ins Neckartal belohnt.

Von Mosbach geht es mit der S-Bahn nach **Binau** ❶. Wir überqueren die Bahnbrücke und wenden uns nach rechts in die Burg-Dauchstein-Straße. Ihr folgen wir bis kurz nach der Einmündung der Straße »Am Dachsbau«, wo ein kleiner Pfad nach links abgeht. Der Hinweis »Fußweg zum Apfelgarten« ist leider erst zu sehen, wenn man direkt davorsteht. Wir halten uns an die Markierung »B1«, die uns die ganze Wanderung über begleitet, und gelangen zum **Binauer Apfelgarten** ❷.

Dieser lauschige Ort macht seinem Namen alle Ehre – bei unserem Besuch sind die Bäume schwer beladen mit

Binauer Apfelgarten

Binau war einst bekannt für seinen Apfelreichtum. Über 4000 Apfelbäume gab es in den 1930er-Jahren

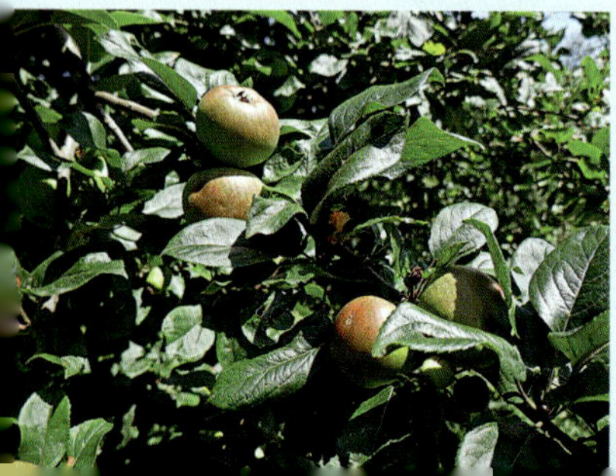

auf Binauer Gemarkung. Binauer Tafelobst wurde per Bahn in die Städte versandt und sogar eine Obstbaumschule gab es. Heute erinnert der Binauer Apfelgarten an diese Zeit mit rund 20 Hochstämmen, an denen alte typische Apfelsorten gedeihen. Die Anlage wurde 2001 von der Gemeinde Binau gemeinsam mit dem Naturpark Neckartal-Odenwald geschaffen.

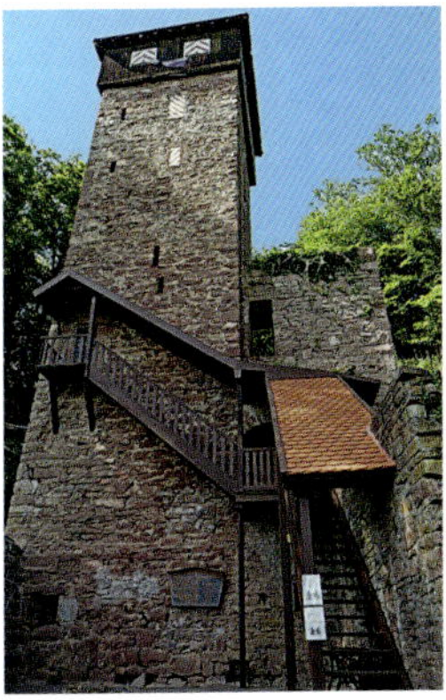

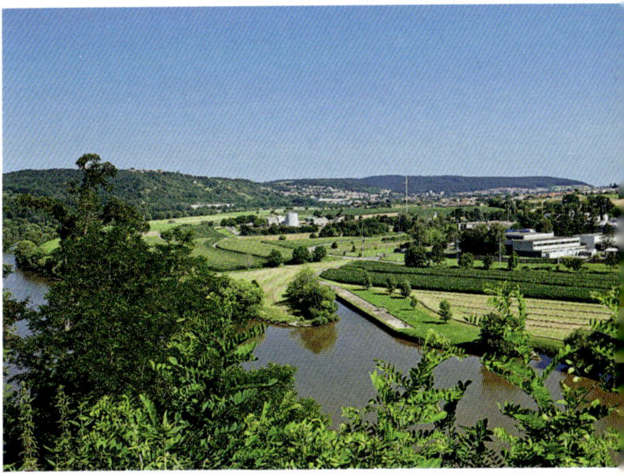

den leckeren Früchten. Alte und regionaltypische Apfelsorten gedeihen hier, verrät uns die Infotafel des Geoparks Neckartal-Odenwald. Weiter geht es auf wildromantischem Pfad zu unserem nächsten Ziel, der Burg Dauchstein.

Links: Treppenaufgang an der Burg Dauchstein

Rechts: Neckaraufwärts blickt man fast bis nach Mosbach.

Dank einer neuen Fußgängerbrücke, die eine tiefe Schlucht überspannt, ist dieser Weg nun wieder begehbar. Die **Burg Dauchstein** 3 aus dem 14. Jahrhundert gehört zu den eher kleinen Burgen, wirkt jedoch mit ihrem hochaufragenden Turm imposant. Zudem ist sie aussichtsreich und schenkt uns weite Blicke über das Neckartal.

Weiter »B1« folgend, führt uns der Pfad nun stetig abwärts bis zur Bundesstraße. Wir laufen auf dem Radweg

Burg Dauchstein

Sie liegt gut versteckt im Wald am Steilhang oberhalb des Neckars. Die Burg Dauchstein wird erst ab dem 14. Jahrhundert erwähnt, ein Vorgängerbau geht wahrscheinlich auf das 11. Jahrhundert zurück. Sie zählt zu den kleinsten Burgen des unteren Neckars, denn sie diente nicht repräsentativen Zwecken, sondern war Zollburg für die Neckarschiffe. Mit einer über den Neckar gespannten Kette nötigte man die Schiffer, ihren Obolus zu entrichten. Anschließend wurde die Kette in den Neckar »gedaucht«, daher der Name Dauchstein, berichtet eine Überlieferung. Von der Anlage ist heute der Wohnturm am besten erhalten. Er wurde Anfang des 20. Jahrhunderts renoviert und mit einer weiteren Etage versehen. Die Burg ist im Privatbesitz, kann aber jederzeit von außen besichtigt werden.

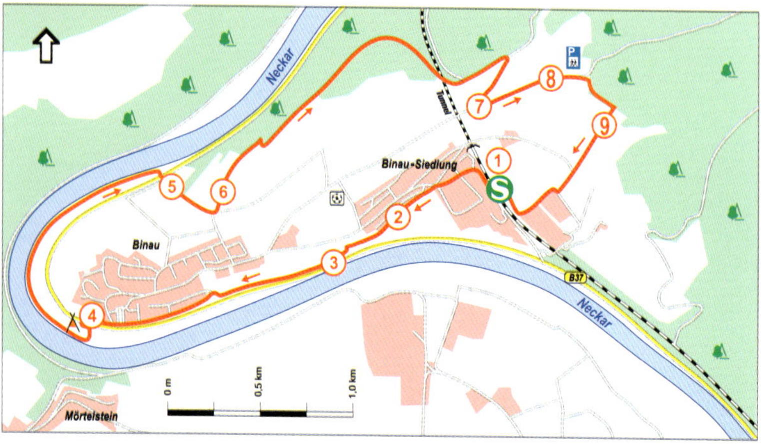
Neckar
Tunnel
Binau-Siedlung
Binau
B37
Neckar
Mörtelstein
0 m
0,5 km
1,0 km
1
2
3
4
5
6
7
8
9
S

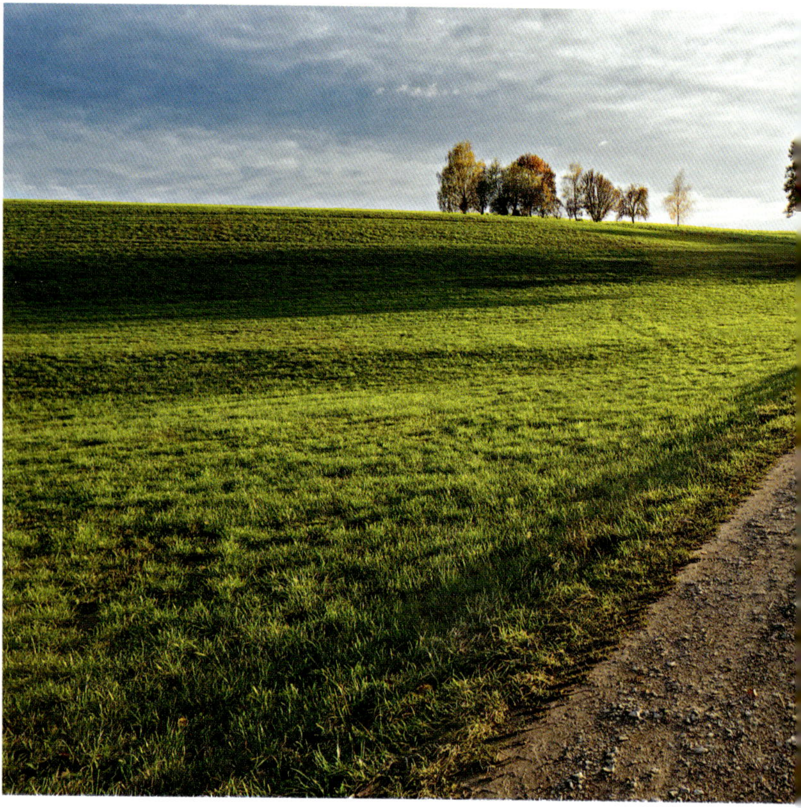

ein Stück die Straße entlang bis wir in den Ort gelangen, wo wir auf der Neckarstraße durch die Unterführung zum **Campingplatz** 4 auf die andere Straßenseite gelangen. Wir gehen am Campingplatz rechts, laufen ein Stück daran entlang und biegen an seinem Ende nach links zum Neckar ab – die Markierung »B1« ist hier sehr schlecht zu sehen.

Hier erleben wir nun einen kompletten Szenenwechsel: Vom Waldesdickicht zur Weite des Neckartals. Und wir kommen dem Fluss ganz nah so wie früher die Treidler, die im Schweiße ihres Angesichts die Schiffe neckaraufwärts zogen. Da geht es uns heute besser, wir können gemütlich den **alten Treidelpfad** entlang spazieren und die schöne Flusslandschaft genießen. An einem kleinen Zulauf zum Neckar biegen wir nach rechts auf einen Asphaltweg 5 ein und überqueren kurz darauf die Bundesstraße.

Links: Hinauf zum Aussichtspunkt beim Parkplatz »Walzenrain«

Rechts oben: Gelb blühender Weißer Senf säumt unseren Weg.

Rechts unten: Auf dem Treidelpfad kommt man dem Neckar ganz nah.

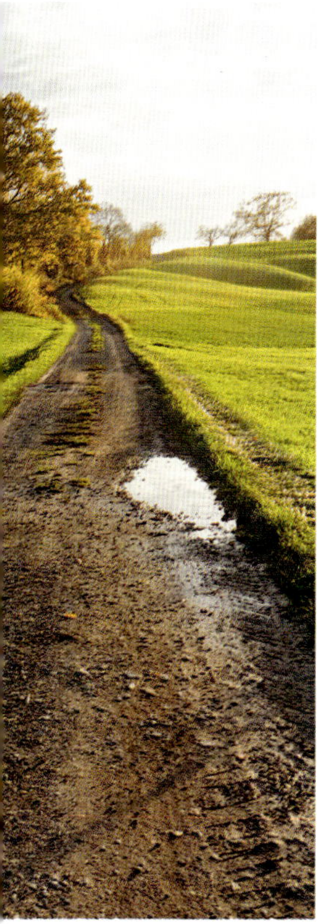

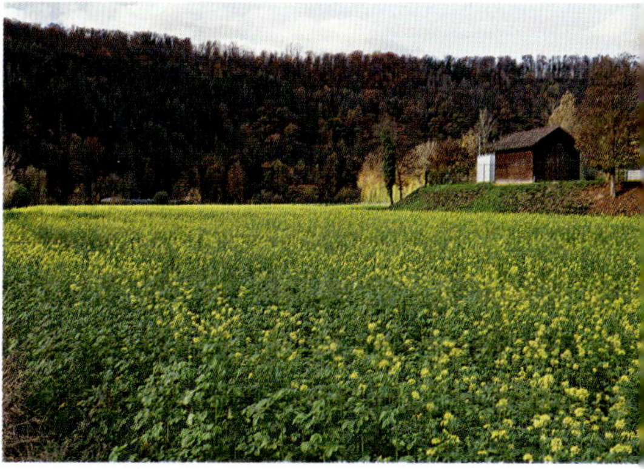

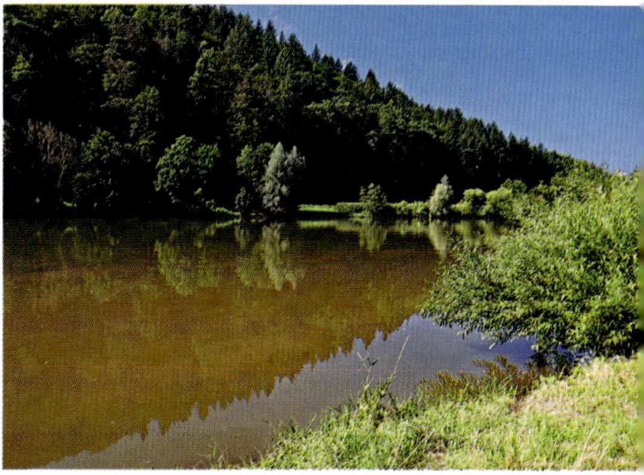

Treidelpfad

Wo wir heute gerne am Fluss entlang schlendern oder radeln, plagten sich im 18. Jahrhundert die Treidler, um die Schiffe gegen die Strömung neckaraufwärts zu ziehen. Vier Mann mussten ein Pferd ersetzen, oft waren es die Ärmsten der Armen, die sich auf den Treidelpfaden mit einem Brustgurt ins Zeug legen mussten. Mehr als 15 bis 20 Kilometer am Tag waren durch reine Muskelkraft nicht zu schaffen. Als mehr und mehr Pferde- und Ochsengespanne eingesetzt wurden, begann die Schiffsreiterei, die später von der Kettenschlepp-Schifffahrt abgelöst wurde.

INFOS

Wander- und Radwanderkarte 18: Südlicher Odenwald, Bauland, 1:20000

GPS 49.372026/ 9.083873

S-Bahn: Mosbach – Binau

Nun heißt es wieder an Höhe zu gewinnen, denn mit »B1« steigen wir auf einem Grasweg bergauf. Bald darauf geht es durch eine Felderlandschaft nach links 6, und wir gelangen in den Wald (Oberer Mordklingenweg). Zu unserer Markierung gesellt sich nun noch das rote »R«. Wir laufen ein Stück am Waldrand und im Wald entlang, bis uns der Weg nach rechts oben führt zur Reichenbucher Straße 7. Dort gehen wir nach links und erreichen einen weiteren schönen Aussichtspunkt am **Parkplatz Walzenrain** 8. Wir wandern weiter geradeaus auf »B1« und »R« Richtung Waldrand, bis wir auf den Neckarsteig stoßen und ihm nach rechts ein Stück folgen. Mit »B1« verlassen wir dann wieder das blaue »N« nach rechts unten 9 Richtung Binau-Siedlung. An der Wegkreuzung unten geht es wieder nach rechts, vor einem Gehöft dann wieder links, wo wir kurz darauf den Binauer Bahnhof erreichen.

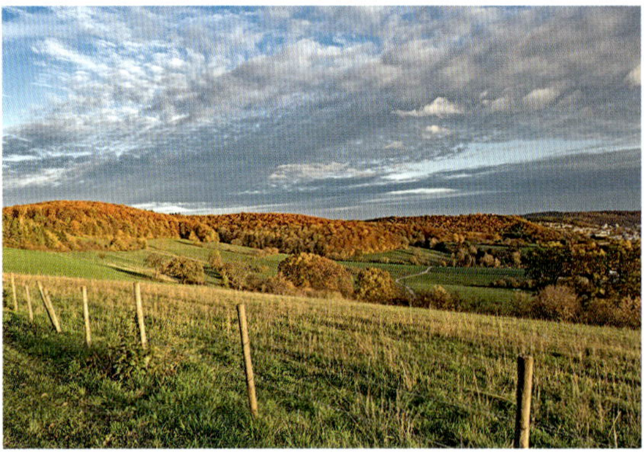

Auf der Binauer Höhe

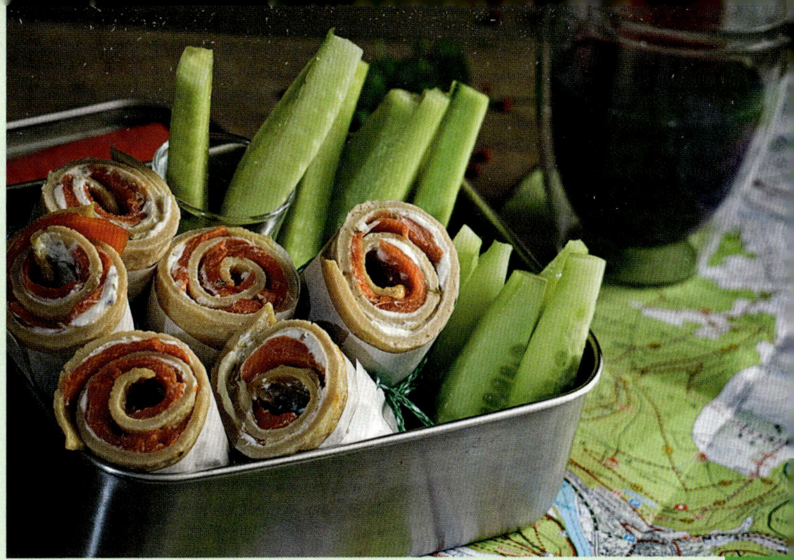

Lachsröllchen

4 PORTIONEN

250 g Mehl
1 TL Backpulver
250 ml Milch
250 ml Mineralwasser
1 Prise Salz
4 Eier
Butter
150 g Crème fraîche
2 EL Meerrettich
200 g Lachs

Die Eier trennen. Mehl, Salz und Backpulver miteinander vermischen und mit der Milch, dem Mineralwasser und den Eigelb zu einem Teig verarbeiten. Das Eiweiß verquirlen und vorsichtig unterheben. Butter in eine Pfanne geben und den Teig zu Pfannkuchen ausbacken.

Crème fraiche und Meerrettich miteinander vermischen, auf die Pfannkuchen streichen und das Ganze mit den Lachsscheiben belegen. Von der Längsseite her aufrollen und in mundgerechte Stücke schneiden. Dazu passt geschälte und in Stifte geschnittene Salatgurke.

Burg, Berg und Poesie am Wegrand

18

Von Neckargerach über die Minneburg um den Mittelberg nach Guttenbach

3 Std.
10,9 km
140 m

Neckargerach – Minneburg – Neckarkatzenbach – Mittelberg Aussichtspunkt »Kalkofen« – Guttenbach – Neckargerach

Neckargerach, Neckarkatzenbach

Bei dieser Wanderung können wir den Neckar als großen Landschaftsarchitekten bewundern. Ihm haben wir den Mittelberg bei Neckarkatzenbach zu verdanken. Wer den Berg umrundet, bekommt eine Ahnung davon, wie es hier vor langer Zeit einmal ausgesehen haben mag. Eindrucksvoll auch die Minneburg, die sich aus dem bewaldeten Berghang erhebt.

Die S-Bahn bringt uns von Mosbach nach **Neckargerach** 1. Wir überqueren die Bahnbrücke und folgen dem Neckarsteig-Zeichen nach links. Bereits hier hat man einen schönen Blick auf die Minneburg. Über die Neckarbrücke wechseln wir auf die andere Seite des Flusses. Nach der Brücke gehen wir zweimal nach rechts Richtung Neckarufer, überqueren die Straße vor der Brücke und biegen dann nach links in die Straße, die bis zum Parkplatz »Ziegelhütte« 2 führt. Von dort schlängelt sich ein kleiner Pfad in Serpentinen steil nach oben zur **Burgruine Minneburg** 3.

Oben angekommen gehen wir nach rechts und kommen über eine Holzbrücke und ein Steintor in den Vorhof der Burg. Dort ist erstmal Verschnaufen angesagt beim Genießen der herrlichen Aussicht auf das **Neckartal**. Eine Sitzgruppe und ein Grillplatz laden hier zur Rast ein. Das Burginnere selbst kann derzeit nicht erkundet werden, da eine Mauer einsturzgefährdet ist. Von den Ursprüngen der Minneburg ist wenig bekannt, eine hübsche Erklärung liefert hierzu die **Sage von der Minneburg** (siehe Infokasten). Die stattlichen Überreste lassen erahnen, wie imposant die Burg einst über dem Neckartal thronte.

Grillstelle auf der Minneburg

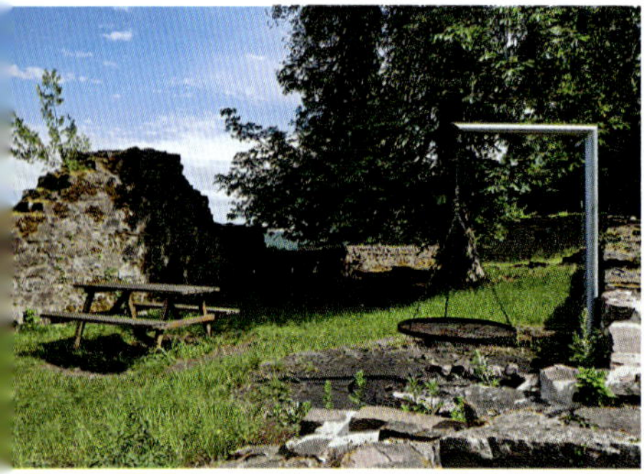

Minneburg

Die Minneburg ist ein magischer Ort. Seit über 800 Jahren blickt sie von ihrem Bergsporn ins Tal hinab. Sie gilt als Neckargeracher Wahrzeichen, obwohl sie im Gemeindewald von Neckarkatzenbach steht. Ihre Ursprünge liegen im Dunkeln, wahrscheinlich wurde sie im 12. Jahrhundert erbaut. Gesichert ist das Jahr 1339, und nach zahlreichen Besitzerwechseln erlebte die Burg unter Wilhelm von Habern ihre Glanzzeit. Durch Umbauten im Renaissancestil wandelte er die Burg im 16. Jahrhundert zu einem Schloss um. Im Dreißigjährigen Krieg wurde sie von den Franzosen teilweise zerstört. Im 19. Jahrhundert verlor die Burg an Bedeutung und verfiel nach und nach. Nur ein Einsiedler fühlte sich hier wohl und legte Blumen- und Gemüsebeete an. Dank umfangreicher Sanierungs- und Sicherungsmaßnahmen konnte die Minneburg bis heute als beliebtes Ausflugsziel erhalten werden.

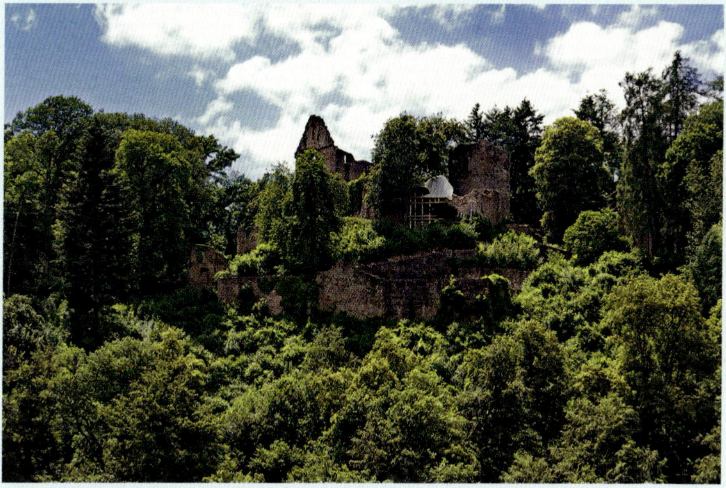

Die Minneburg-Sage

Der Sage nach verdankt die Minneburg ihren Namen einer unglücklichen Liebe. Minna von Horneck sollte einen ungeliebten Mann heiraten, war jedoch in den Ritter Edelmut von Ehrenberg verliebt. Der befand sich gerade in fernen Landen auf Kreuzzügen. Minna flüchtete in eine Höhle nahe der späteren Burg und als ihr Ritter zurückkam, fand er sie sterbend vor. Zu ihrem Gedenken errichtete er für sie an dieser Stelle eine Burg, die er Minneburg nannte.

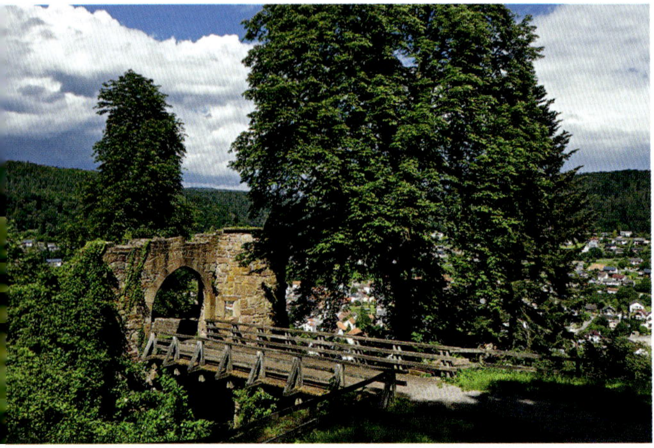

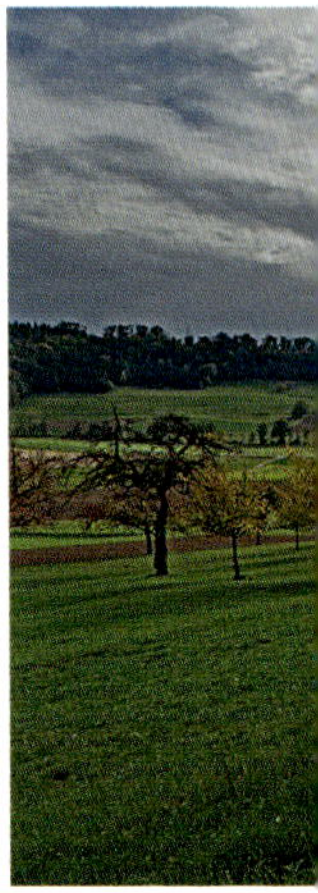

Links: Toreingang zur Minneburg

Mitte: Auf dem Weg nach Neckarkatzenbach

Rechts: Die Liebfrauenkirche in Neckarkatzenbach

Wir verlassen die Burg wieder über die Holzbrücke, gehen zunächst geradeaus weiter und an der Stelle vorbei, an der wir oben angekommen sind. Mit der Markierung »Gu1« und »R« führt uns der Weg dann nach unten. Nach einer Weile stoßen wir auf den mit »Gu2« und dem Neckarsteig-Zeichen markierten Unteren Illsbergweg, dem wir nach rechts folgen. Nahe am Waldrand laufen wir nun einen bequemen breiten Forstweg entlang, bei dem sich immer wieder schöne Blicke ins Tal und auf den Mittelberg zur Linken eröffnen. Wir passieren den Waldparkplatz Heldegasse 4 und erreichen kurz danach die Dorfidylle von **Neckarkatzenbach**.

Wir folgen einem kleinen Sträßchen nach links unten, kommen an einem Hof vorbei, der mit kleinen Kunstwerken geschmückt ist. Ein Treppenweg führt kurz darauf nach rechts oben zur **Liebfrauenkirche**, wo eine der schön gestalteten Neckarsteigbänke steht. Abwechslungsreich geht's weiter links an der Kirche vorbei über eine kleine Holzbrücke, wir überqueren die Straße, wo es wieder über eine Treppe nach oben geht, die zur **Marienkapelle** führt. Wir bleiben weiter auf »N«, folgen dem Grasweg nach oben. Nach einer weiteren Holzbrücke wenden wir uns nach links, gehen an einem Feld am Waldrand entlang und biegen kurz darauf nach links auf einen Schotterweg.

Wir erreichen nun den Höhepunkt der Wanderung – den **Aussichtspunkt »Kalkofen«** 5. Hier lässt es sich gut rasten mit Blick auf 200 000 Jahre Flussgeschichte. Der Ur-

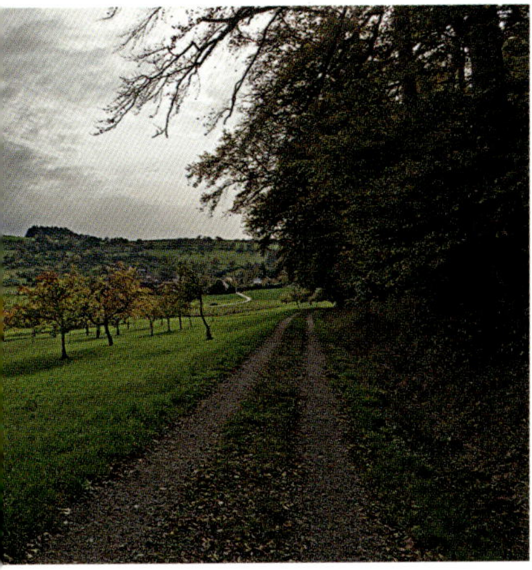

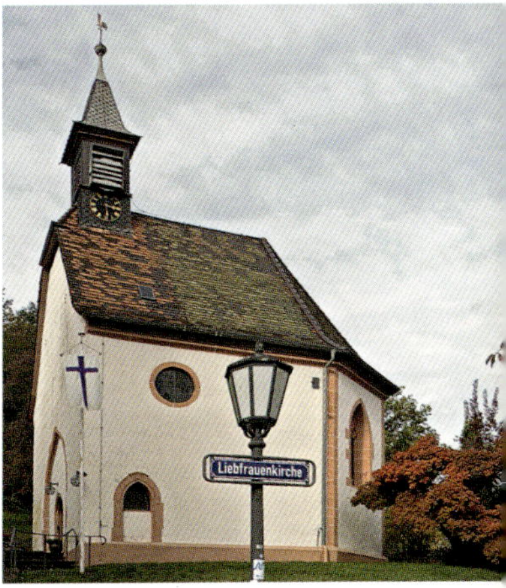

Neckar schlängelte sich hier einst um den ehemaligen Umlaufberg – über eine Infotafel ist mehr zu erfahren. Vorbei an einem Kalkofen mit Kalkofenhütte stoßen wir nun auf eine Straßenkehre, der wir nach links unten folgen, bevor es nach rechts oben zum **Baumgärtner-Gedächtnisstein** 6 geht. Das blaue »N« führt uns über einen schönen Grasweg in den Wald hinein. Das faszinierende Mittelberg-Panorama bleibt uns noch eine Weile erhalten, aus der

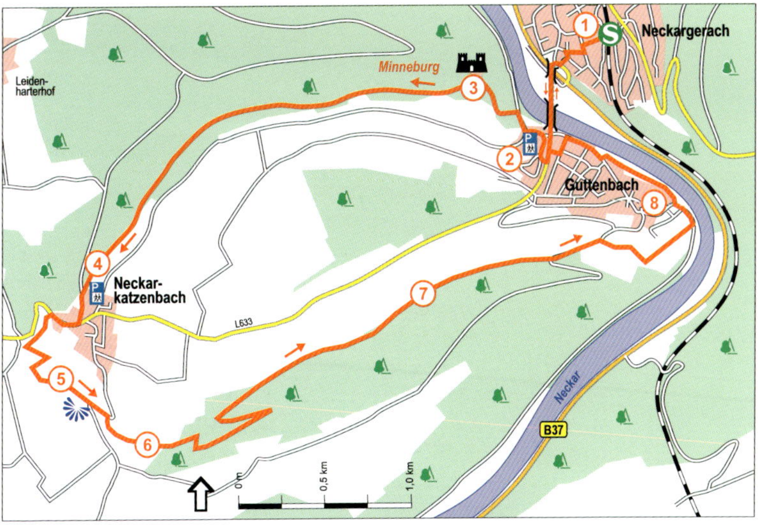

Der Mittelberg

Der Mittelberg bei Neckarkatzenbach wurde aufgrund seiner Besonderheiten zum Geotop des Jahres 2018 gewählt. Vom Aussichtspunkt »Kalkofen« hat man einen wunderbaren Blick auf die ehemalige Neckarschleife, die nach dem Durchbruch des Neckars vor 200 000 Jahren trockengefallen ist. Der sanft ansteigende Umlaufberg mit seinem Patchworkmuster aus Feldern, Wiesen und Wäldern ist uns als Relikt aus dieser Zeit geblieben.

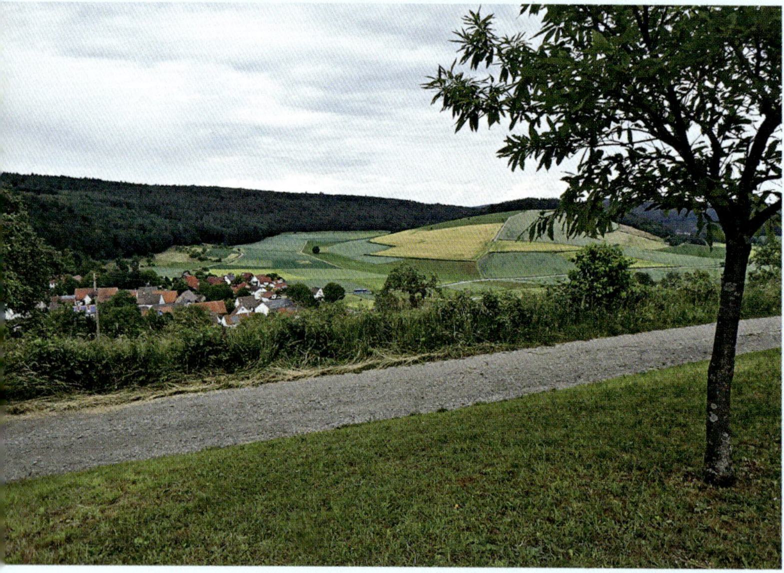

Ferne ist auch Guttenbach bereits zu sehen. Im Wald geht es im etwas verwirrenden Zick-Zack bergauf und bergab bis wir den Buschelweg 7 erreichen, der uns teilweise am Waldrand und auch wieder in den Wald hinein bis nach **Guttenbach** führt.

Hier wird's nochmal richtig romantisch, denn der Weg 8 führt uns um den Ort herum und durch Obstwiesen am Neckar entlang. Und ein wenig Poesie am Wegrand gibt es auch. Auf einer Tafel erfreut uns Erich Kästner mit seinem Gedicht »Die Wälder schweigen« und spricht uns damit aus dem Herzen. Die Neckarbrücke führt uns wieder zurück zur S-Bahn-Station in Neckargerach.

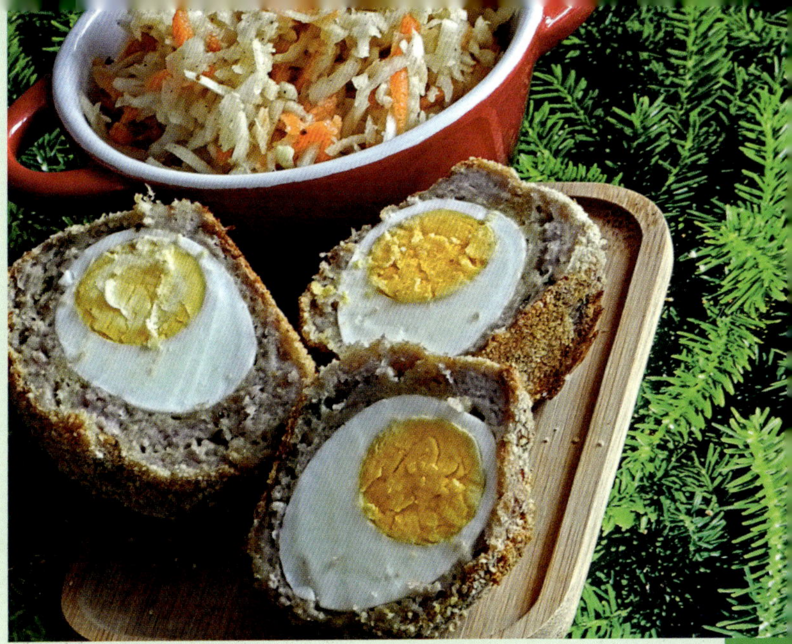

Schottische Eier mit Weißkohlsalat

2–3 PORTIONEN

6 Eier
250 g Bratwurstbrät
3 EL Mehl
3 EL Paniermehl
Worcestersauce
Salz, Pfeffer
1 kleiner Weißkohl
2–3 Karotten
1–2 TL Salatcreme

Backofen auf 200° vorheizen. 4 Eier nicht zu hart kochen. Bratwurstbrät mit 1 Ei, Salz, Pfeffer, Worcestersauce vermengen und die gekochten Eier damit umhüllen. Die 4 Hackbällchen nacheinander in Mehl, verrührtem Ei und Paniermehl rollen und im Backofen etwa 25–30 Minuten backen. Etwas abkühlen lassen und halbieren.

Weißkohl und Karotten schälen und fein raspeln. Mit Salz bestreuen und kurz mit den Händen durchkneten. Salatcreme daruntermischen.

Spektakuläre Ausblicke und ein rotes Krokodil

19

Auf dem Neckarrandweg von Lindach nach Eberbach

2½ Std.

9 km

180 m

Lindach – Teufelskanzel – Ludwig-Neuer-Hütte – Eberbach

Eberbach

INFOS

Wander- und Radwanderkarte 13: Neckartal-Odenwald, 1:20 000

GPS 49.465261/8.984232

S-Bahn: Bhf. Mosbach – Lindach

Hoch über dem Neckar zu wandern, ist immer ein erhebendes Gefühl. Und dieses Gefühl können wir besonders bei dieser Wanderung auskosten, die uns vom Eberbacher Stadtteil Lindach nach Eberbach führt. Weite Blicke, enge Pfade, ein Zauberwald und ein rotes Krokodil begleiten uns auf unserem Weg.

Wir starten vom Mosbacher Bahnhof mit der S-Bahn und sind bereits rund 20 Minuten später an unseren Startpunkt, der S-Bahnstation Lindach 1. Dort wenden wir uns nach links zum Birkenweg und gehen dann mit den Markierungen »1« und »2« nach oben, zu denen sich

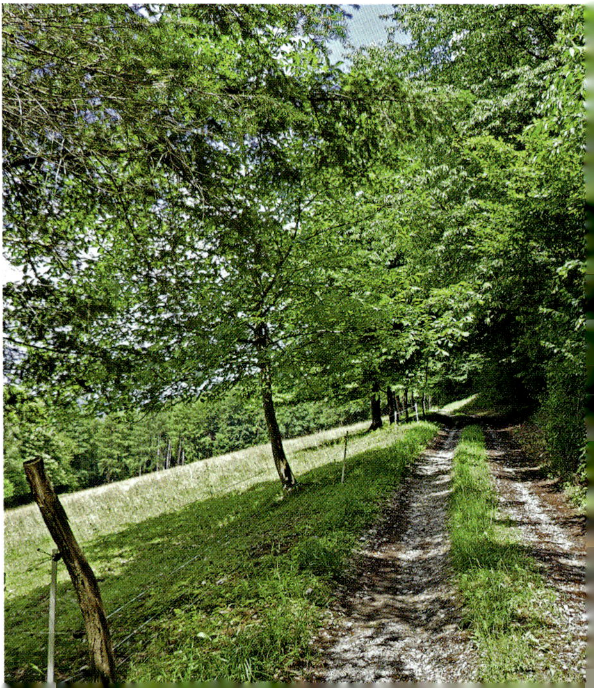

Auf dem Neckarrandweg von Lindach nach Eberbach

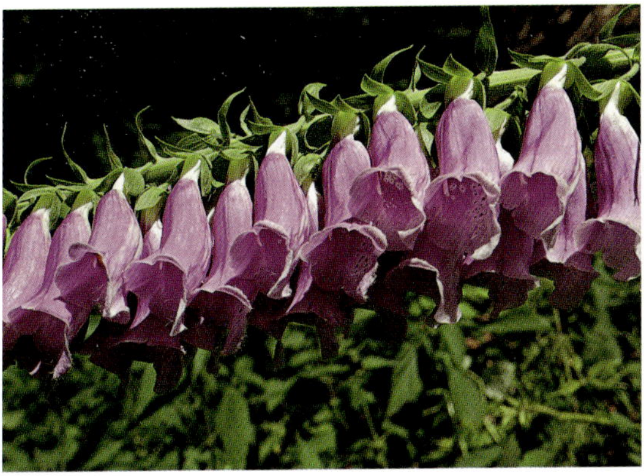

Der Fingerhut: Schön, aber sehr giftig

kurz darauf das Symbol des Neckarrandwegs, das rote »R« gesellt. An diesem Zeichen orientieren wir uns die ganze Wanderung über.

Bevor wir in den Wald kommen, haben wir bereits einen spektakulären Ausblick auf das gegenüberliegende Neckarufer mit seinen Waldhängen, die bis zum Ufer reichen. Bemooste Felsen und rot blühender Fingerhut säumen unseren Weg. An einer Weggabelung 2 gehen wir geradeaus weiter, unser Zeichen ist zunächst nicht zu sehen, taucht dann später wieder auf der linken Seite auf. Oberhalb von der **Rockenauer Schleuse** 3 zweigt der »R«-Weg dann nach rechts ab und vereinigt sich mit dem blauen »N« des Neckarsteigs. Ein schmaler, etwas zugewachsener Waldweg führt aufwärts zu einem Schotterweg, dem wir nach links folgen. Diesen Weg verlassen wir in einer Linksbiegung nach rechts mit »N«, »R« und »3«. Der schmale wildromantische Waldpfad erfordert etwas Trittsicherheit, vor allem, wenn es feucht ist.

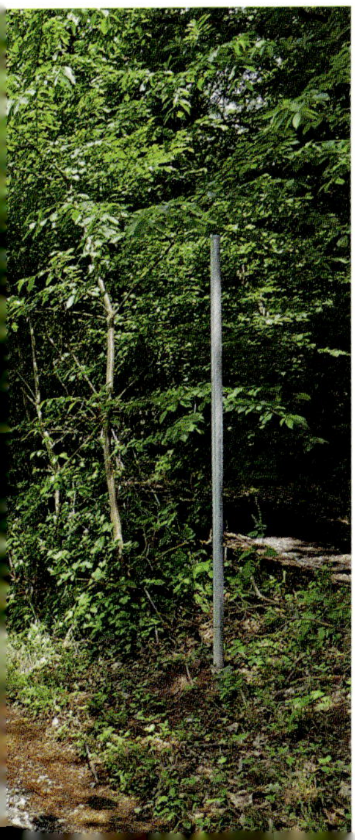

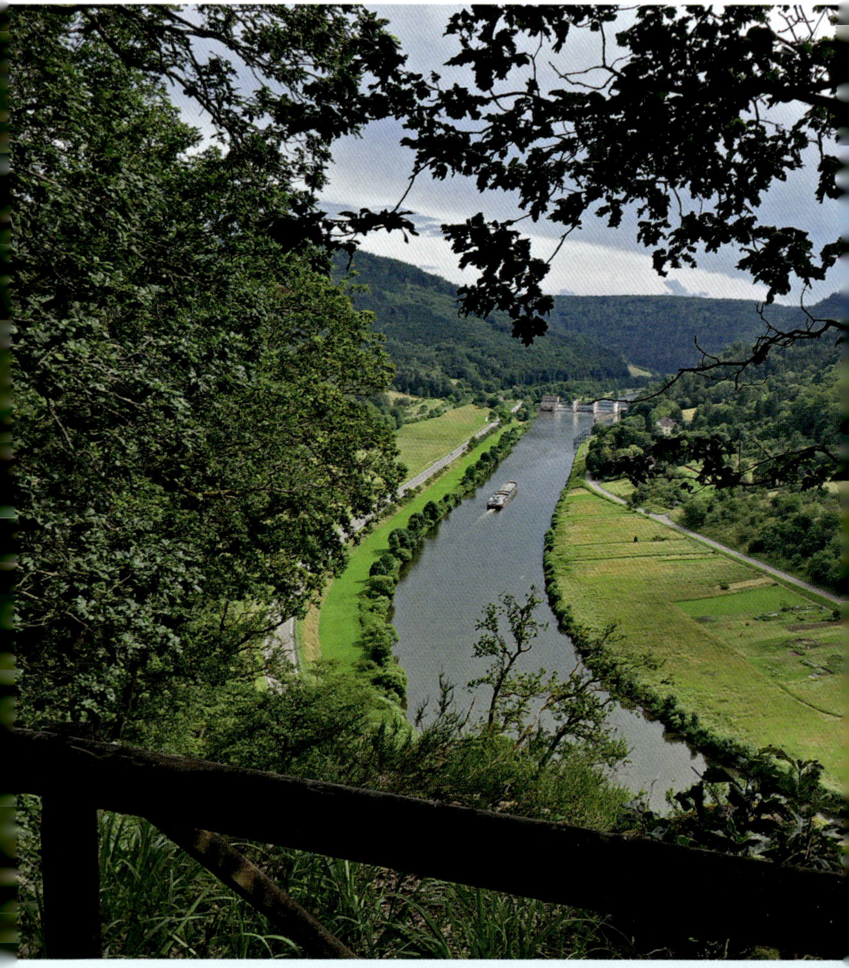

Teufelskanzel und Steinbruch

Wer auf der Teufelskanzel steht, hat zwar einen tollen Ausblick, sieht aber nicht, worauf sie fußt. Es ist ein renaturierter Steinbruch, der für Wanderer von der Rockenauer Seite her gut zu sehen ist, besonders wenn das Gestein rosig in der Abendsonne schimmert. Die 27 m hohe Felswand lieferte sogar einst Baumaterial für das Heidelberger Schloss. Heute brüten hier Wanderfalken und der gesamte Bereich mit Steinbruch, Niederwald und Teufelskanzel ist als Naturschutzgebiet »Kranichsberg« ausgewiesen.

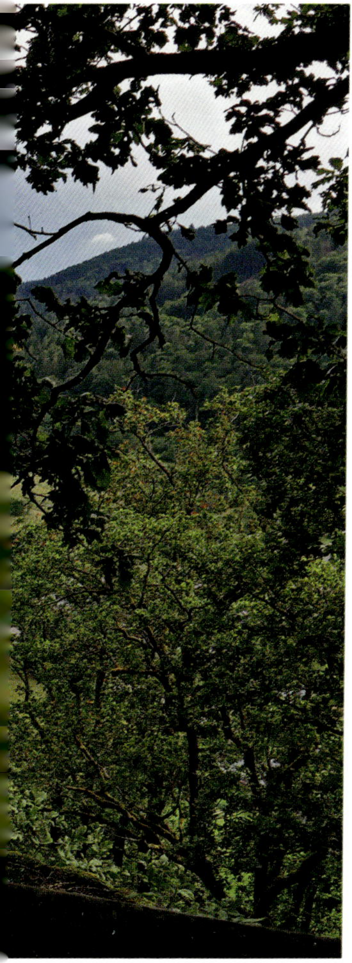

Blick von der Teufelskanzel auf den Neckar mit der Rockenauer Schleuse im Hintergrund

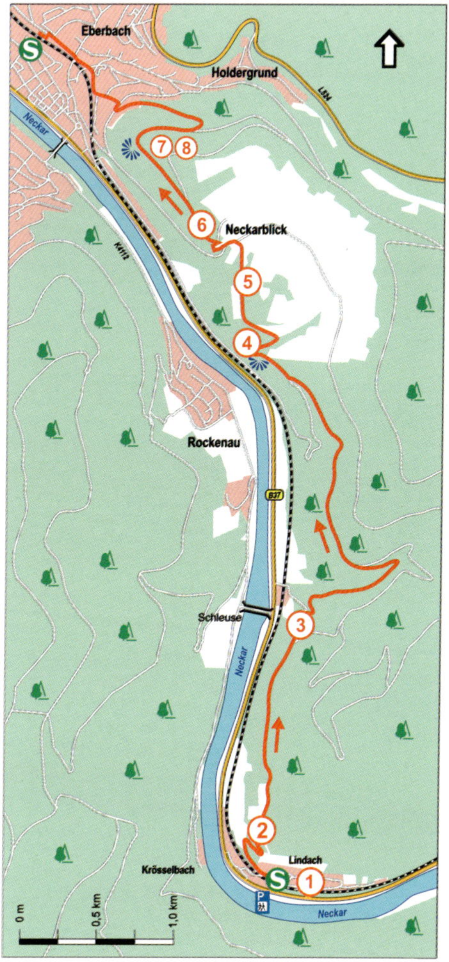

Alte Trockenmauern sind oberhalb von uns zu sehen. Wir sind nun gut eingestimmt auf einen der Höhepunkte der Wanderungen – die **Teufelskanzel** 4. Dieser Aussichtspunkt bietet uns ein Landschaftspanorama wie aus dem Bilderbuch. Der Neckar mit einem gerade dahingleitenden Schiff liegt uns zu Füßen, eingerahmt vom sommerlichen Grün, in der Ferne die Rockenauer Schleuse. Fast andächtig machen wir hier Rast, genießen Vesper und Ausblick.

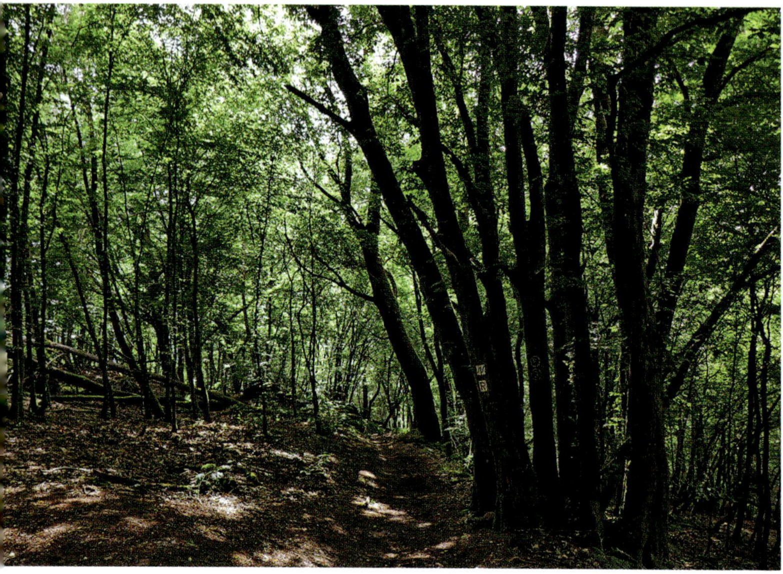

Durch den »Zauberwald«

Weiter geht es den schönen Pfad entlang durch ein Waldstück, das uns wie ein Zauberwald vorkommt, so geheimnisvoll geht es sich unter dem Blätterdach. Wir laufen ein Stück über eine Wiese, ehe wir auf Asphalt kommen, links abbiegen und bis zum Parkplatz »Breitenstein« 5 kommen. Wir folgen der Fahrstraße nach oben, und in der zweiten Rechtskurve 6 biegen wir nach links mit den Zeichen »F«, »R« und »N« (die etwas zugewachsene Markierung am Baum ist schlecht zu sehen). Zusätzlich ist rechts des Weges ein Stein mit dem Hinweis »**Ludwig-Neuer-Hütte** 0,8 km« zu sehen. Die **Spitzhuthütte** 7 direkt am Hang des Scheuerbergs mit Sitzgruppe bietet ebenfalls eine grandiose Aussicht auf den gegenüberliegenden Hungerbuckel und den Neckar. Hier stehen wir an einer der Stationen des **Pfades der Flussgeschichte**, wie uns eine Infotafel erläutert.

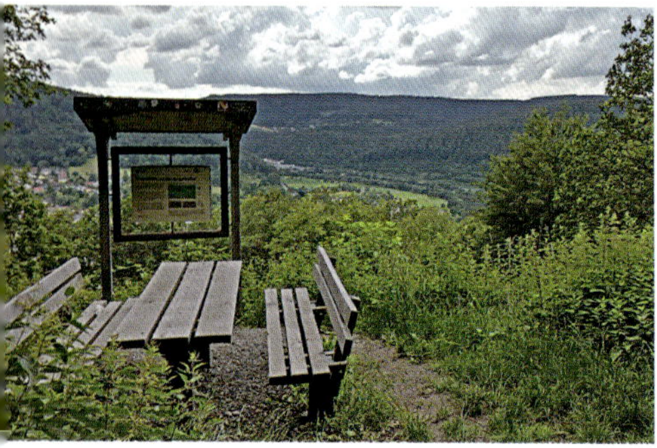

Aussicht mit Rastplatz bei der Ludwig-Neuer-Hütte

Und eine weitere Überraschung erwartet uns – das **Rote Krokodil** 8 von Eber-

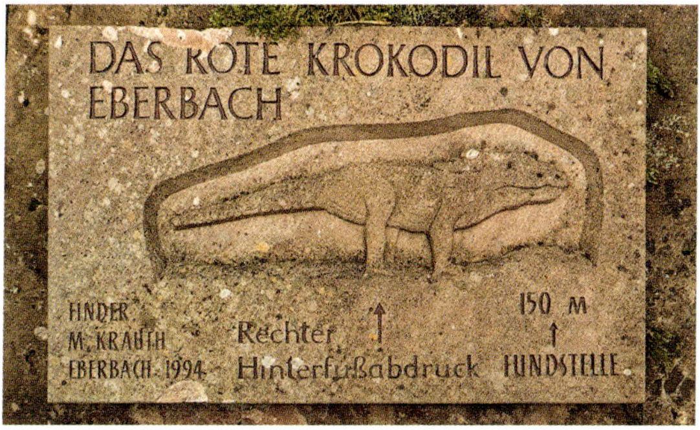

Hat Spuren hinterlassen: Das Rote Krokodil

bach. Das Urvieh ist auf einer Steintafel an einem Felsblock am Weg abgebildet mit dem Hinweis auf die Fundstelle seines Fußabdrucks, der 1994 hier entdeckt wurde. Der Abdruck des Sauriers entstand vor unglaublichen 250 Millionen Jahren. Wir setzen unseren Weg fort, »R« weiter folgend. Nach einem Umspannwerk auf der rechten Seite führt uns ein kleiner Pfad nach links unten, und auf verschlungenen Wegen erreichen wir Eberbacher Wohngebiet. Über den Heiner-Knaub-Weg und die Rudolf-Epp-Straße stoßen wir auf eine weitere Fahrstraße, die uns nach rechts in die Stadt hinunter führt zum Bahnhof.

Vom Glück, mit der Fähre zu fahren

20

Rundwanderung von Hirschhorn über Ersheim und Neckarhäuser Hof

3 Std.
12 km
250 m

Hirschhorn – Ersheimer Kapelle – Neckarhäuserhof – Hirschhorn

Hirschhorn

INFOS

Wander- und Radwanderkarte 13: Neckartal-Odenwald, 1:20 000

GPS 49.465261/ 8.984232

S-Bahn: Bhf. Mosbach – Bhf. Hirschhorn

Am Neckar entlang zu wandern, ist immer ein Erlebnis. Auch auf dieser Tour werden wir nicht enttäuscht, denn bei unserer Überfahrt mit einer der letzten Neckarfähren kommen wir dem Fluss besonders nah.

Die rote S-Bahn bringt uns in 30 Minuten von Mosbach nach Hirschhorn. Vom **Hirschhorner Bahnhof** 1 aus überqueren wir die Bahnbrücke, folgen der Straße, die rechts am Bahnhof vorbeiführt. Über einen Treppenweg nach rechts unten erreichen wir eine kleine Anlage und gehen über eine steinerne Brücke in Richtung Kirche. Am Ende des Weges biegen wir nach links in die Grabengasse und dann gleich wieder nach rechts über die Hauptstraße in die **Hirschhorner Altstadt**, die schon allein einen Besuch wert ist. Historisch bemerkenswerte Häuser säumen unseren Weg, darunter auch die ehemalige **jüdische Synagoge**.

Die erste Flussüberquerung steht an über die **Hirschhorner Schleuse** 2. Danach machen wir einen Abstecher nach links in die Ersheimer Straße, denn die berühmte

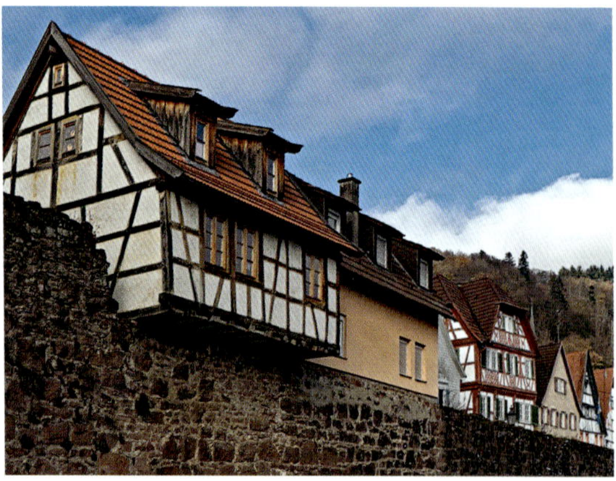

Wie Vogelnester hängen manche Häuser an der Hirschhorner Stadtmauer.

Ersheimer Kapelle ③ gegenüber von Hirschhorn in der Neckarschleife wollen wir uns nicht entgehen lassen. Sie zählt zu den ältesten Kirchen des Neckartals. Hier lassen wir zur Abwechslung mal die Augen wandern, denn in dem kleinen gotischen Bau inmitten des Friedhofs gibt es viel zu

Ersheimer Kapelle

Die Kapelle im ältesten Hirschhorner Stadtteil Ersheim wurde 1345 erstmals urkundlich erwähnt. Einen Vorgängerbau gab es aber vermutlich bereits im 8. oder 9. Jahrhundert. Bis zum 17. Jahrhundert war das Gotteshaus Pfarrkirche der Stadt Hirschhorn, benannt nach den Heiligen St. Nazarius und Celsus. Die Gläubigen konnten es nur mit einer Fähre erreichen. Für die Herren von Hirschhorn diente die Kirche als Grablege – unter deren Regie erfolgten auch in späteren Jahren die Um- und Ausbauten des Gebäudes. Die Ersheimer Kapelle wird heute noch als Friedhofskapelle genutzt, und Verstorbene finden auf dem Friedhof ihre letzte Ruhestätte. Im Dachstuhl hingegen herrscht Leben: Er beherbergt eine der größten Fledermauskolonien Hessens.

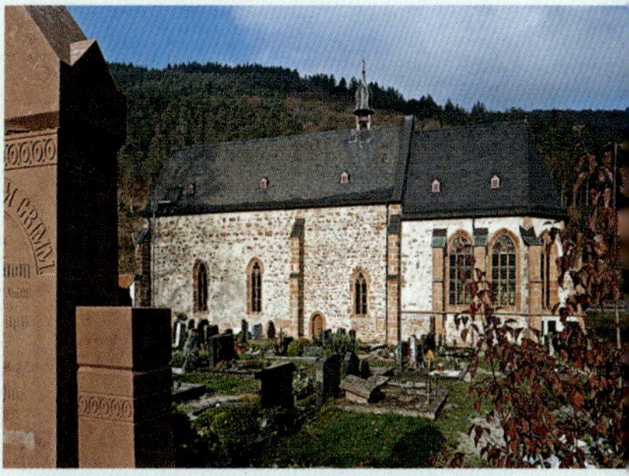

Totenleuchte

Eine Besonderheit ist die gotische Totenleuchte unweit der Friedhofsmauer, die seit mehr als 600 Jahren (mit Unterbrechungen) brennt. Hirschhorner Familien nahmen den alten Brauch der Lichtwache wieder auf und sorgen abwechselnd dafür, dass das Licht nicht erlischt.

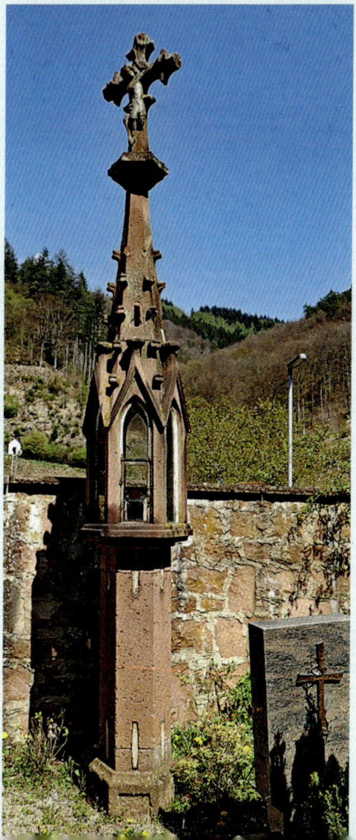

sehen. Wir bewundern das Kreuzrippengewölbe im Chor und die **Wandmalereien** aus dem 14. Jahrhundert. Auch ein Rundgang um die Kirche lohnt sich, hier fällt besonders die über 600 Jahre alte **Totenleuchte** an der Friedhofsmauer mit dem ewigen Licht auf.

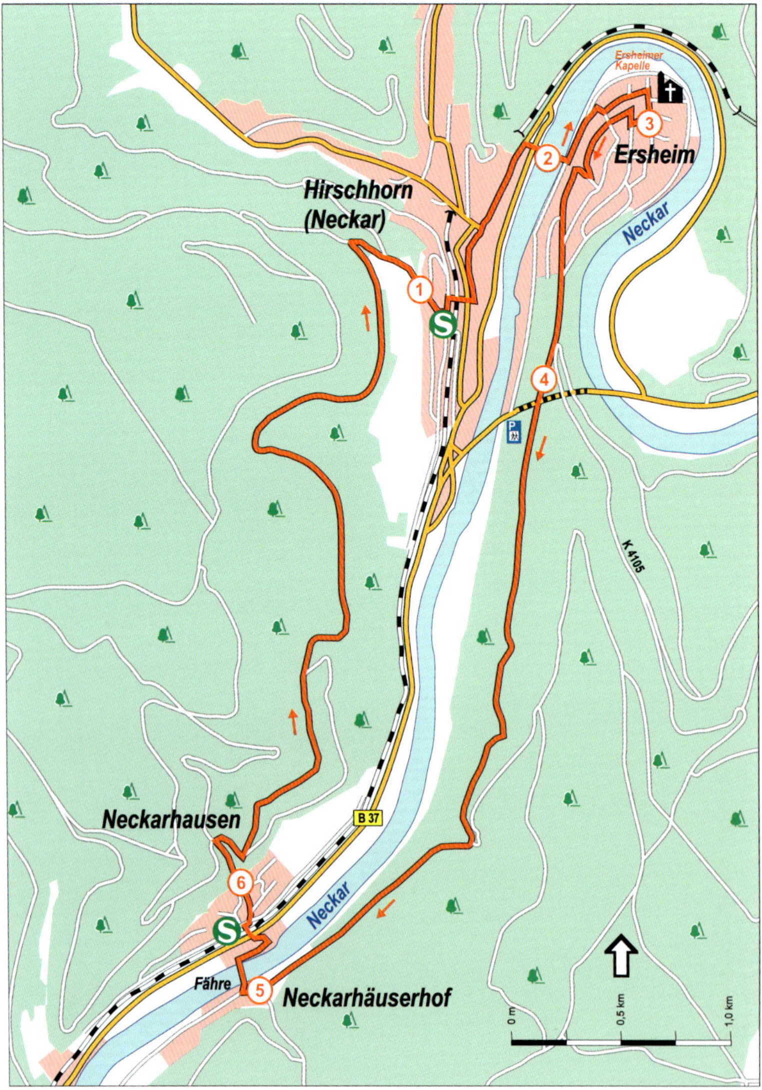

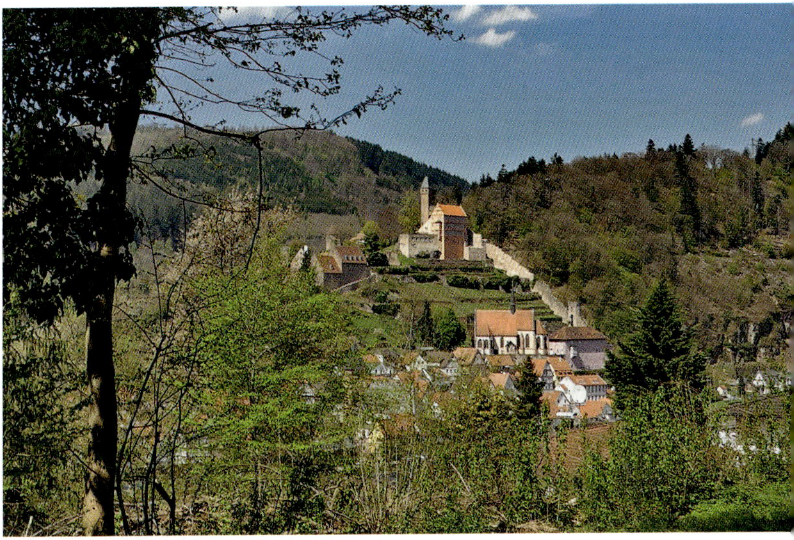

Blick auf das Hirschhorner Schloss

Wir gehen wieder zurück **Richtung Schleuse**, biegen dort links ab bis zur Ampel und dann gleich wieder nach rechts in die **Schönbrunner Straße.** Es geht ein Stück die Straße entlang Richtung Schönbrunn, wobei wir kurzzeitig verwirrt sind über den »doppelten« Neckar, der sich rechts und links unseres Weges zeigt. Keine optische Täuschung, denn wir sind ja sozusagen umschlungen von der spektakulären Flussschleife an dieser Stelle. In Höhe des **Waldparkplatzes Neckaralm** 4 überqueren wir die Straße und folgen nun dem **gelben »R«** des Neckarrandweges.

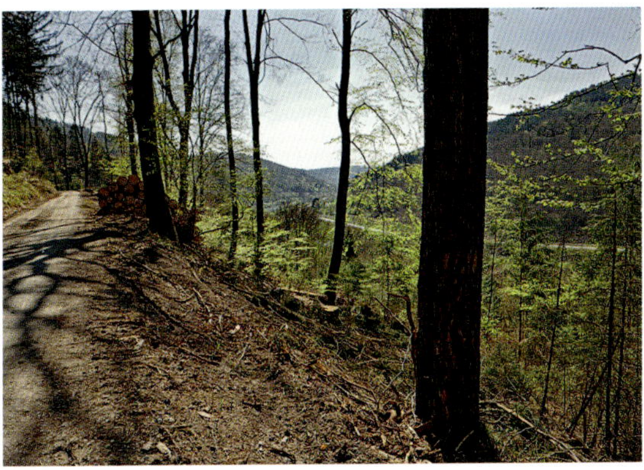

Der Neckarrandweg folgt dem Lauf des Flusses.

Dieser schöne Weg auf halber Höhe durch den Wald eröffnet uns immer wieder tolle Ausblicke auf den Neckar. Wir bleiben auch an Wegkreuzungen immer dem »R« treu, das uns allmählich wieder an den Fluss heranführt bis wir den kleinen Ort **Neckarhäuserhof** 5 erreichen, der heute zu Neckargemünd gehört. Hier ist es so hübsch-heimelig, dass man gerne länger verweilen möchte, aber leider gibt es keine Einkehrmöglichkeit mehr. Kaum zu glauben, dass es hier mal drei Gasthäuser gab. Aber eine Besonderheit gibt es: Eine der **letzten Neckarfähren** ist hier noch in Betrieb und verbindet das badische Ufer mit dem hessischen Neckarhausen. Dem Engagement des Freundeskreises der Fähre, einem privaten Verein, ist dies zu verdanken. Dankbar sind wir auch dem netten Fährmann, der uns sogar zweimal hin und her fahren lässt, weil's einfach so schön ist. Aber dann heißt's wieder selbst in die Gänge zu kommen.

In **Neckarhausen** 6 angekommen, wenden wir uns an der Anlegestelle nach rechts, überqueren die Brücke über die B37 und biegen dann rechts in die Michelbucher Straße. Wir orientieren uns nun an der Markierung »NH1«, die uns bergauf in den Wald hineinführt. Auf diesem Weg bleiben wir, bis wir auf das rote »R« stoßen, dem wir nach rechts folgen. Nach einer Weile taucht auch das Neckarsteig-Symbol auf, mit dem wir direkt zum Hirschhorner Bahnhof kommen. Mit der S-Bahn geht es wieder zurück nach Mosbach.

Auf der Überfahrt vom Neckarhäuserhof nach Neckarhausen

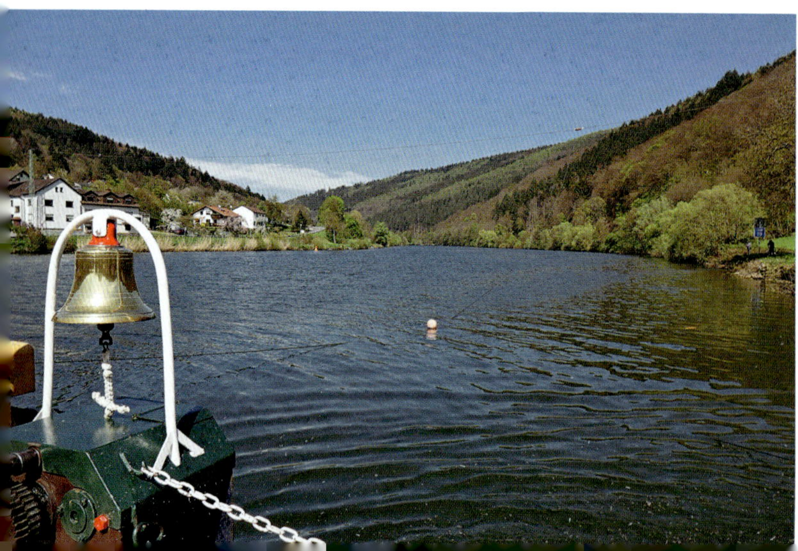

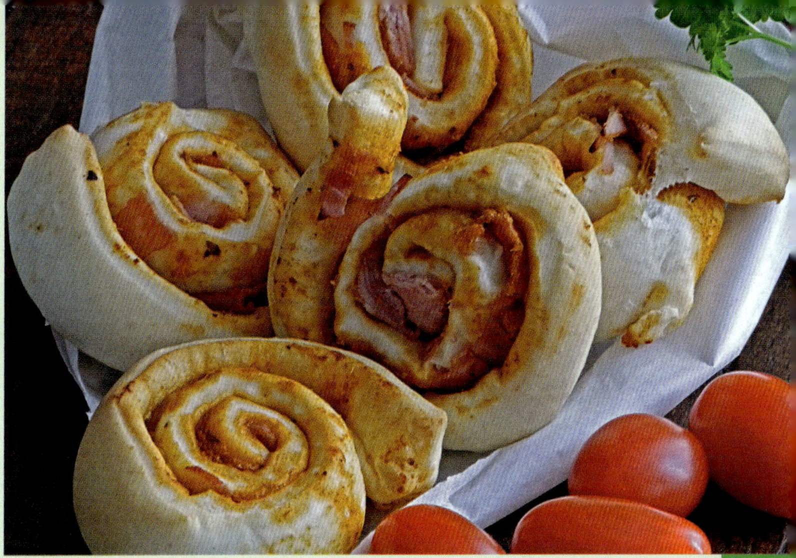

Pizzaschnecken

4 PORTIONEN

400 g Mehl
1 Päckchen Trockenhefe
1 TL Salz
1 TL Zucker
4 EL Olivenöl
1 Dose geschälte Tomaten
200 g Kochschinken
100 g Reibkäse
200 ml lauwarmes Wasser
Salz, Basilikum, Oregano

Für den Teig Mehl, Trockenhefe, Salz und Zucker mischen. Öl und nach und nach Wasser dazugeben und zu einem geschmeidigen Teig verarbeiten. An einem warmen Ort mindestens 60 Minuten gehen lassen (bis sich der Teig verdoppelt).

Die geschälten Tomaten pürieren und mit Salz, Basilikum und Oregano würzen. Den Teig ausrollen, die Tomatensauce darauf geben und mit Schinken belegen. Reibkäse darüber geben. Den Teig von der Längsseite her aufrollen, in etwa 2 cm große Scheiben schneiden. Auf ein mit Backpapier belegtes Backblech geben und noch einmal 15 Minuten gehen lassen. Im vorgeheizten Ofen 17 Minuten bei 175° Umluft backen.

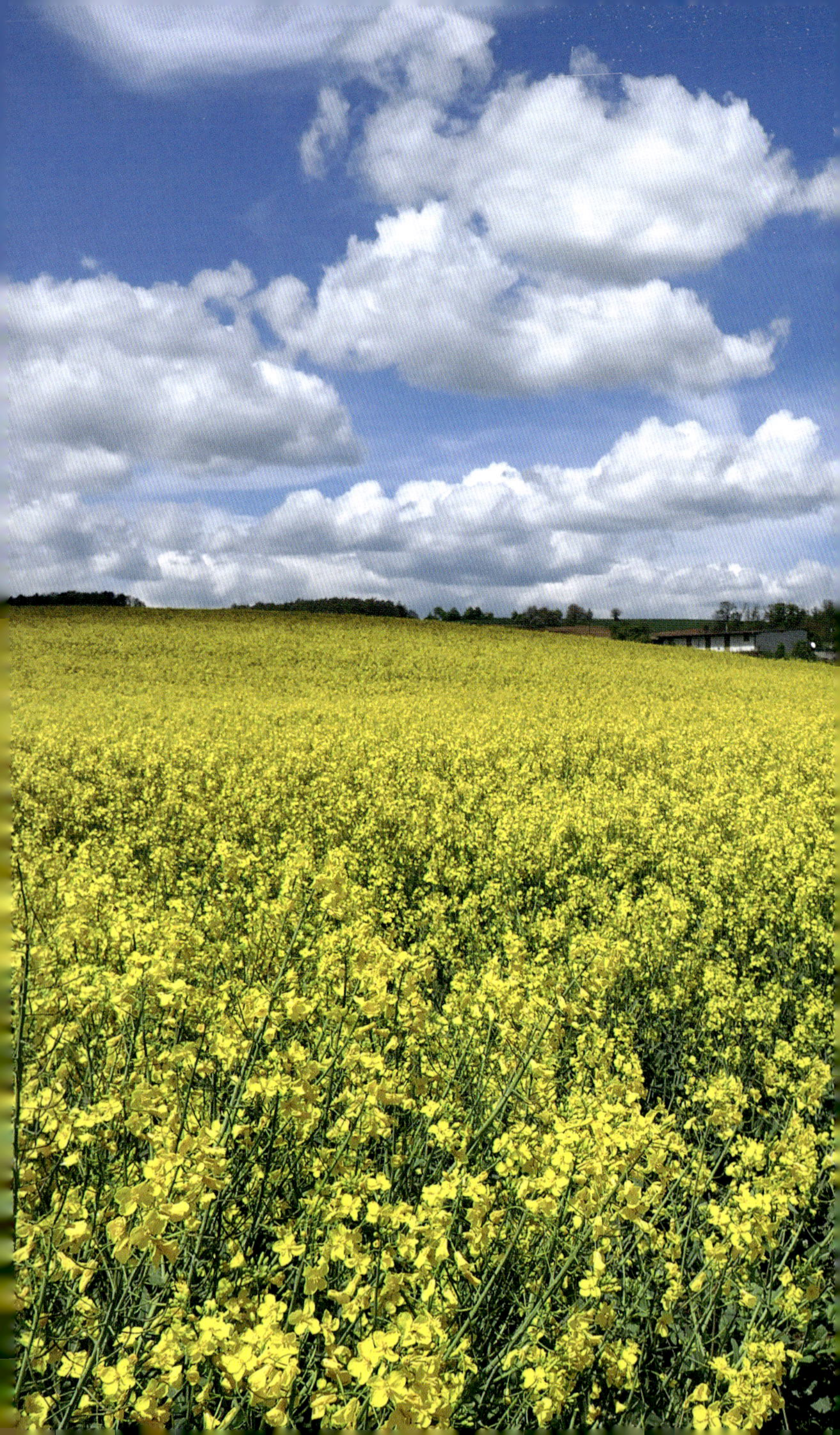

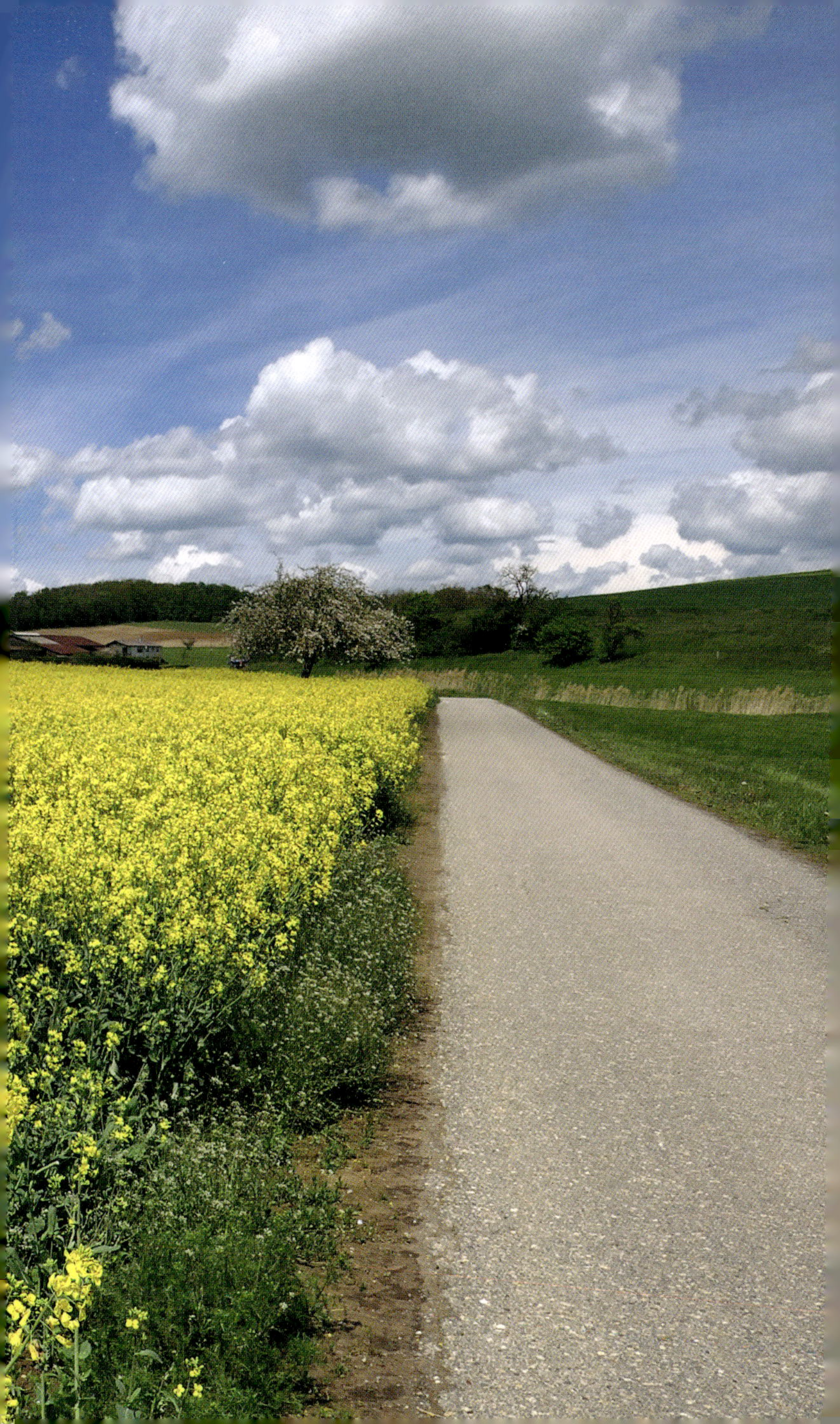

Bildnachweis

S. 37: Derzno, CC BY-SA 4.0, <https://creativecommons.org/licenses/by-sa/4.0>, via Wikimedia Commons
S. 116/117 unten: K. Jähne, CC BY-SA 3.0, <https://creativecommons.org/licenses/by-sa/3.0>, via Wikimedia Commons
Alle anderen Fotos: Brigitte Zielbauer

Titel: ENTDECKERTOUREN RUND UM MOSBACH
Untertitel: Erlebnisreiche Wanderungen durch den Odenwald und das Neckartal

Autorinnen: Brigitte Schneider · Brigitte Zielbauer
Herstellung: verlag regionalkultur
Kartengestaltung: Walter Gebhard
Satz: post scriptum, Hüfingen
Umschlaggestaltung: post scriptum, Hüfingen
Lektorat: Tamara Klarić, vr

ISBN 978-3-95505-987-3

Bibliografische Information der Deutschen Bibliothek:
Die Deutsche Bibliothek verzeichnet diese Publikation in der Deutschen Nationalbibliografie; detaillierte Daten sind im Internet über http://dnb.de abrufbar.

Diese Publikation ist entsprechend den Frankfurter Forderungen auf alterungsbeständigem und säurefreiem Papier (TCF nach ISO 9706) gedruckt.

verlag regionalkultur
Ubstadt-Weiher · Heidelberg · Speyer · Stuttgart · Basel
Verlag Regionalkultur GmbH & Co. KG
Bahnhofstraße 2 · D-76698 Ubstadt-Weiher
Tel 07251 36703-0 · Fax 07251 36703-29
E-Mail kontakt@verlag-regionalkultur.de · www.verlag-regionalkultur.de